Más allá

del autismo

La esperanza de una madre

Marietta Colston-Davis

Colston Davis Group
Atlanta, Georgia

Más allá del autismo
La esperanza de una madre

Marietta Colston-Davis
Colston Davis Group Atlanta, Georgia

Más allá del autismo - La esperanza de una madre
Derechos de autor © Marietta Colston-Davis, 2022

Todos los eventos descritos en este libro ocurrieron realmente y han sido registrados de la mejor manera posible, aunque el autor puede haberse tomado ciertas libertades con la cronología. Algunos nombres y detalles se han cambiado u omitido para proteger la privacidad de las personas.

ISBN edición impresa 979-8-9857988-2-1
ISBN eBook 979-8-9857988-3-8
Primera Edición febrero 2022

Editor - Colston Davis Group Alpharetta, GA 30022
Diseño de portada - JL Woodson of Woodson Creative Studio www.woodsoncreativestudio.com
Editor de desarrollo - Naleighna Kai www.naleighnakai.com
Editor - MarZé Scott www.marzescott.com

Más allá del autismo

La esperanza de una madre

Marietta Colston-Davis

Dedico este libro a mi hermoso e increíble hijo, Tyler. Eres mi inspiración, y tu existencia y amor son las razones por las que he luchado tanto. Fresh Prince, eres un ganador en muchos sentidos.

♦ AGRADECIMIENTOS ♦

Quiero dar las gracias a Sara Cole y a Frances Colston por haber contribuido de forma increíble a este libro y, lo que es más importante, por ser el viento que sopla bajo mis alas. Las dos han estado aquí desde el principio y han creído en mí cuando yo no creía en mí misma. Son mis increíbles hermanas de fraternidad y las quiero a ambas. Esta historia simplemente no podría haberse contado sin ustedes.

A Lakeisha Johnson, a quien conocí cuando enseñabas en la Escuela Dominical a niños con necesidades especiales en Victory World Church. Me dijiste que yo tenía una historia. Gracias.

A Marva Hicks, más de cuarenta años de amistad y has hecho que cada parte de esta vida haya válido la pena. Tu amor por mí y por Tyler ha sido nada menos que implacable. Agradezco por ti todos los días.

Marietta Colston-Davis

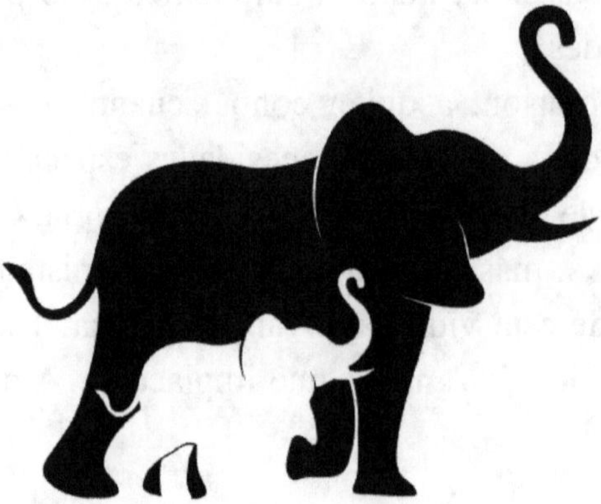

Capítulo 1

UN POCO SOBRE MÍ

Para entender este viaje debes saber un poco sobre mí. ¿Has oído hablar alguna vez de Urbandale, Iowa? ¿No? Estoy segura de que mucha gente no lo ha hecho, a menos que crecieran allí. Éramos la única familia de color, permítanme reformular, la única familia negra que residía en el pueblo con el primer niño negro que asistió al distrito escolar desde preescolar hasta graduarse. Mi hermana mayor y yo no íbamos al mismo colegio, ya que ella iba unos grados por delante de mí. Una vez revelado este detalle, no hace falta decir que siempre he sido muy consciente de las diferencias.

Desde que yo me acuerdo, ha habido constantes recordatorias que hacían saber al mundo que algo en mí era diferente. El tono de mi complexión en una ciudad totalmente blanca no era suficiente. Ser más inteligente que la media de los alumnos en edad preescolar no era ni siquiera la cereza del pastel. Podría ser que fuera demasiado observadora para ser una niña. Como consecuencia, trabajaba más, me sentía más insegura y esperaba que todos los aspectos y elementos de mi vida fueran perfectos.

Por ejemplo, mi profesora de primer grado, la señora Hughes, le dijo a mi madre que no estaba segura de cómo enseñarme, ya que nunca antes había dado clases a una niña negra.

Por aquel entonces, yo sólo tenía cuatro años (sí, era bastante lista) y tenía preguntas. Con cierta seguridad, puedo decir que la señora Hughes tenía sus propias reservas, teniendo en cuenta que mis dos padres tenían estudios universitarios y los habían tenido desde principios de los años cincuenta, algo que no era tan común como ahora.

Una tarde, oí a mis padres hablar de mí y de mi hermana y recuerdo que me sentí maldecida por ser diferente. Estoy segura de que no decían nada específicamente malo, sin embargo, me sentía incómoda siendo el tema de discusión. Uno no pensaría que un niño sabría lo que es sentirse un extraño, pero si una persona existe constantemente en un entorno en el que ella (o él) es la única que tiene su aspecto, piensa como ella o habla como ella, aprende pronto que ser único es un problema. No ser como los demás puede ser traumatizante, sobre todo para los niños, ya que un pensamiento caprichoso o un desacuerdo pueden tener efectos duraderos en mentes jóvenes e impresionables. Mis padres me ayudaron a comprender que mis diferencias no sólo eran un privilegio, sino también un don.

Yo sabía que crearía una vida perfecta para mi hijo. Nunca quise que sintiera que eran una carga o que ser diferente era algo malo. Reproducía el futuro como una película en mi mente una y otra vez: dónde viviría, qué haría mi marido y lo adorables que serían mis hijos. Llegarían a ser las personas de más éxito en la ciudad de Peyton Place de la Imaginaryville de mi mente. Ahora lo recuerdo y me doy cuenta de que muchos de esos pensamientos y sentimientos se debían a la definición inconsciente de "diferente", que gritaba imperfección para mí y para mi hermana mayor. Como resultado, la perfección se convirtió en mi estándar.

Mi hermana, Rhonda, era seis años mayor que yo. Ella fue la primera experiencia e impacto que tuve con una persona que vivía con necesidades especiales. Nunca me explicaron el alcance de sus discapacidades. Sólo sabía un detalle: había nacido con el cordón umbilical alrededor del cuello, lo que provocó una falta de oxígeno en el cerebro.

Rhonda parecía ser como la mayoría de las hermanas más grandes, sin embargo, yo tenía unos siete años cuando me di cuenta de sus diferencias. Simplemente, era un poco más "lenta" que yo. Ella iba a un colegio fuera de nuestra colonia y requería un poco de trabajo extra por parte de nuestros padres. Tenía una idea de lo que eso significaba, ya que yo era avanzada para mi edad. Si mi hermana era mayor y "más lenta", entonces yo tenía que ser un fenómeno de la naturaleza.

Mi madre, una mujer muy espiritual, era la más paciente. "Dios hizo a cada uno de forma diferente y Él ama a todas sus creaciones. Ella es tu hermana y son familia", dijo un día. Esa fue la declaración y tenía sentido para mi joven intelecto, pero no parecía una explicación suficiente. Yo acepté lo que dijo mi mamá y limité mis indagaciones: una vez que la respuesta se entiende como es, la necesidad de pedir más información desaparece. De todos modos, vivíamos nuestras vidas, junto con nuestro perro, Prince, y mis padres. Nuestra familia era idílica para ser sinceros. Mientras crecía, como la mayoría de las hermanas pequeñas, admiraba a Rhonda. Era mi hermana mayor y mi amiga hasta que las diferencias siguieron separándonos.

La distancia es curiosa: físicamente puede hacer que el corazón se vuelva más cariñoso, pero es emocionalmente desgarrador. Rhonda y yo nos fuimos separando. ¿Fueron nuestras edades o nuestras diferencias? En cierto modo, no importaba mucho a medida que aumentaba la distancia entre nosotras. Mis compañeros me preguntaban: "¿Qué le pasa a tu hermana?" o "¿Por qué no es como tú?". ¿Debe una niña de doce años explicar por qué su hermana no es como ella u otra persona neurotípica? No parece justo, pero en el momento en que tuve que volver a contar la historia que me habían contado, o discernir cómo nos comparaban incluso los parientes, lo que sabía era que tenía que protegerla. La defendí ferozmente contra los acosadores que estaban más dispuestos a burlarse de ella que a ser sus amigos. Ellos nunca tuvieron que entender sus limitaciones, ni pudieron encontrar un espacio para ser amables. Yo la quería y la aceptaba como un regalo de Dios.

Reafirmé mi sueño de ser perfecta para mis futuros hijos y creí, a mi extraña manera, que eso arreglaría el mundo.

Después apareció el autismo. Imagínense la angustia que sentí cuando la imagen perfecta con la que había soñado durante años fue desmantelada por adultos y compañeros, y luego por profesionales. Sin explicaciones, sólo con teorías. Las investigaciones no ofrecían ninguna respuesta. El autismo ocurre y nadie sabe exactamente por qué ni cómo. Se presenta con todas sus diferencias y desafíos, una condición que se produce sin culpa de nadie. Sentí que la "maldición" se triplicaba: mi llanto era más fuerte, mi reacción exagerada se volvía más extrema, estaba más a la defensiva y, a veces, mi desconexión de las emociones se hacía más profunda. Pero entonces, mi determinación fue mayor; mi ética de trabajo se hizo más fuerte; y mis exigencias a las personas que impactaron a mi hijo fueron monumentales.

Esta es una historia de muchas emociones, pero tres por encima de todas.

Son la fe, la esperanza y el amor. 1 Corintios 13. Para mí, el mayor de ellos ha sido el amor.

Capítulo 2

PRIMERAS SEÑALES DE PROBLEMAS

Mi mundo se inclinó sobre su eje en el momento en que mi hijo pronunció sus primeras palabras a los cinco años: "Mamá, hambre".

Sí, dije que eran sus primeras palabras, que pude entender claramente, pronunciadas desde el asiento trasero del coche. Fueron inusuales, pero no por eso menos emotivas para una madre asustada por lo que los médicos decían que sería la vida de su hijo.

En la alegría del parto, la madre ve toda la belleza de su hijo y puede pasar por alto o no reconocer lo que no se considera normal. Mi hijo tenía ojos marrones, nariz de botón, diez dedos en las manos y diez en los pies: era perfecto.

Tyler tenía alrededor de una semana cuando noté algo y me preocupé; tal vez una palabra mejor sería me alarmé: mi hijo no me miraba a los ojos cuando tomaba pecho. Como una mama nueva, miras fijamente a los ojos de tu bebé, comunicando sin una palabra que están conectados a un nivel del alma que sólo ustedes dos entienden. Contemplé dónde podrían estar sus primeros pensamientos mientras mi admiración y alegría se convertían en preocupación al observar su comportamiento. Tomando notas mentales, empecé a elaborar una lista de mis inquietudes. Las comidas se volvieron tensas, ya que se convirtieron en un momento para inspeccionar sus respuestas, o la falta de ellas, acompañadas de mi deseo de establecer un vínculo con mi bebé.

Darse cuenta de que tu hijo parece diferente a los demás niños es algo que cada madre teme en un momento u otro. Otros bebés sonreían a sus madres, gateaban como veloces corredores y miraban a sus padres como si fueran las únicas caras del mundo que importaban. Aunque una madre no lo haga a propósito, puede comparar las habilidades y capacidades de su hijo con las de otros niños, y con lo que parece normal para todos los demás. Yo lo hacía. Las diferencias, mayores o menores, quedaban guardadas en los recovecos de mi mente.

Como madres, nos inclinamos a pensar que superaremos lo que no es obvio y esperaremos lo mejor. En el fondo de nuestros corazones, muchas veces nos preguntamos qué va a ocurrir.

Los grupos de juego, que supuestamente debían ofrecer algún tipo de consuelo y apoyo, sólo provocaban ansiedad y agotamiento. Las madres nerviosas se ven constantemente bombardeadas por las actualizaciones de todas las demás mamas de su grupo sobre los logros que han conseguido sus propios paquetitos de alegría. Bobby sonrió a su madre. Jenny charlaba utilizando palabras nuevas: era difícil no ponerse celosa incluso de los bebés que hacían las cosas "normales" y "naturales". Sospecho que es lo mismo que sienten las parejas que luchan por concebir y sus amigos o familiares anuncian un embarazo que transcurre sin complicaciones durante nueve meses, con un bebé sano, feliz y saltarín. Si añadimos la llegada de las redes sociales, la angustia parece acechar en cada esquina.

Cada visita al pediatra con Tyler fue traumática. Aunque estaba casada, mi hijo y yo éramos los únicos que acudíamos a esas citas, lo que me puso nerviosa desde el principio. Me correspondía a mí informar de todos y cada uno de los matices de su alimentación, patrones de sueño y comportamiento. Una palabra podría describir casi con exactitud el hecho de ser el único receptor de la inmensa cantidad de información que los médicos y otros profesionales de la medicina compartían conmigo: ahogamiento. Algunas cosas me daban miedo, otras me desconcertaban, y sólo podía confiar en mi propia fuerza y fe para superarlo.

Como mamá, animaría a cualquier otro padre a confiar en su instinto y en la certeza que Dios pone en sus corazones, sin importar lo alarmante o desafiante que puede parecer una situación. Los médicos, con objetivo de prepararte para el viaje que te espera, te presentan los peores escenarios, diciéndote todas las historias de lo que tu hijo o hija nunca podrá hacer. Lo que estos médicos no entendían era que mucho de lo que decían me lo tomaba con reserva, ya que yo creía que Dios siempre tenía la última palabra.

El término "instinto maternal" no es un invento, sino algo real y científico que se encuentra en el cerebro de todos los mamíferos. Las mamás tienen un conocimiento innato de las cosas que necesitan sus bebés y de cuándo las situaciones no son del todo correctas. Cuanto antes se asuma algo que no es óptimo, mejor será la respuesta. Cuando analizo mi pasado, pienso en las muchas veces que en voz interior me decía que debía poner atención en algo y no me estaba imaginando cosas. Si hubiera escuchado esa voz, habría evitado varios obstáculos en mi vida. Lo único que sabía era que mi hijo no podía ser la víctima ni siquiera de una mala elección. Tyler estaba destinado a ser una luz de guía, un faro de esperanza y un ejemplo para quienes decían que no triunfaría ni podría triunfar en la vida.

Aislada. Sola. Desesperada. ¿He mencionado abandonada? Cuando llegué a nuestra amplia casa de dos pisos, compartí el pronóstico con mi marido, el padre de Tyler, y la información no fue bien recibida. No estoy segura si él no quería creerlo o si el peso de la noticia sobre su primogénito era demasiado impactante. Lo que sí comprendí cuando mi marido salió de la habitación, alejándose de mí y de Tyler, fue que yo tendría que asumir la responsabilidad del bienestar de nuestro hijo a partir de ese momento. Estoy muy agradecida por la fuerza y el apoyo que recibí de mis padres y mis hermanas de fraternidad durante ese tiempo. Ellos me animaban y me decían que siguiera adelante en mi búsqueda de respuestas. Sobre todo, doy gracias a Dios por siempre ser una fuente presente de amor y luz.

Del atardecer al amanecer fue el periodo más difícil para mí tras el diagnóstico inicial de Tyler. Decir que estaba lista para irme a la cama es una subestimación. Primero necesitaba quitarme la máscara. Podría dejar de ser la magnate corporativa, la hermana de fraternidad, la hija perfecta y la esposa que ocultaba las adicciones de su marido. Fue el momento en que me miré en el espejo y no sentí la magia de la chica negra; sólo el dolor de una mujer que había estado destrozada durante muchos años y todas las circunstancias y eventos que causaron el daño que fue ocultado por una ética de trabajo superior. Sólo yo. Mis cigarrillos, a veces el vodka, en otras ocasiones las galletas Oreo y los Doritos se convirtieron en mis placeres no tan culpables: me daban consuelo cuando nada más lo hacía.

Una hora puede parecer toda una vida cuando no tienes claro adónde vas. ¿Qué se supone que debía hacer? Debilitada por los muros de esta cosa llamada Autismo que se cerraban alrededor de mí, por la adicción, la responsabilidad y la necesidad de no defraudar nunca a mis padres, ahora tuve el futuro de Tyler en mis manos. Hay presión para ver siempre el vaso medio lleno, que en su mayor parte lo tenía. Sin embargo, al final del día, ese vaso estaba vacío y el día siguiente se acercaba rápidamente si tenía o no tiempo para volver a llenarlo, aunque fuera hasta la mitad.

Yo nunca supe muy bien si Tyler podía entender que era diferente de los demás niños, o si sabía que su madre estaba insana, pero estoy segura de que él sospechaba algo. Aunque no hablaba, había algo en sus expresiones faciales: los ojos transmiten una infinidad de emociones. Cuando estaba en mis momentos más difíciles, suponiendo lo peor y esperando lo mejor, cada mañana Tyler me sorprendía. Lo podía ver vigilando la puerta desde su cuna cuando yo me asomaba a su habitación. Parecía saber cuándo había estado despierta toda la noche llorando, comiendo o ambas cosas; ¿Cómo podía explicarle a alguien la derrota que sentía? ¿Cómo podría explicárselo a mi hijo? Poco a poco y casi sin querer, me convertí en un robot. Lo único que podía controlar era mi trabajo. Me enfoque en el trabajo – este fragmento de mi vida llego con más facilidad que otros momentos. Perder no formaba parte de mi ni de mi vocabulario, así que tuve que esforzarme para mantenerme a flote por mi hijo.

Tyler tenía dos años, seguía sin hablar, con poco contacto visual y yo era muy consciente de que había un problema. Una mamá simplemente lo sabe. Había oído hablar de esta enfermedad llamada TGD o Trastorno Generalizado del Desarrollo. TGD es un término genérico que engloba los problemas que se sitúan en el espectro autista. Este término general era lo que necesitaba para empezar a investigar los síntomas de este trastorno y prepararme para el incierto camino que me esperaba.

Desde su temprana edad, estaba convencida de que Tyler luchaba con algo del espectro, aunque ninguno de los médicos había dicho lo mismo. Ellos siempre querían esperar a las metas del desarrollo y a los marcadores, y pensaban que yo debía observar y aguantar con ellos. Se pensaba que me quedara de brazos cruzados, confiando en que se movieran los días del calendario. El tiempo corría, así que esperar no era una opción para mí.

Si hay algún consejo que puedo ofrecer a otro padre que reconozca que su hijo tiene dificultades es que fuera proactivo. Investiga todo lo que puedes y ponte a la altura de los profesionales adquiriendo los conocimientos necesarios. Es una tarea difícil, pero necesaria. Es mucho lo que los médicos han aprendido sobre los trastornos del espectro y mucho lo que todavía están aprendiendo. Uno se sorprendería de los pocos expertos que se encuentran en el campo de la medicina cuando se trata del autismo. Un pediatra promedio debe tener amplios conocimientos sobre crecimiento y desarrollo, pero no necesariamente profundos. Ellos se enfocan en las señales de advertencia más grandes como la desnutrición, las metas del desarrollo, y las luchas con la alimentación. El autismo sigue siendo un tema incierto para la mayoría de los médicos que no son especialistas y, según mi experiencia, se inclinan por seguir retrasando el pronóstico. Sin embargo, si eres persistente y te mantienes firme en tus preocupaciones, vas a encontrar un especialista quien te va a ayudar. Es agotador, pero vale la pena; no te rindas.

Recuerdo una mañana cuando me asomé a la habitación de Tyler y pensé en lo paciente que era para ser tan pequeño. La mayor parte del tiempo le podía oír moverse en su cuna, pero él no lloraba fuerte por la mañana, casi como si entendiera las emociones que me desafiaban. Más de lo que me gustaría admitir, usualmente empezaba mi rutina diaria limpiándome las lágrimas de la cara. Lo más probable es que su padre no estuviera en casa, y de así serlo, estaría tumbado en el sillón reclinable de la sala, embriagado tras pasar toda la noche tomando o durmiendo profundamente.

Una mañana en particular, le dije a mi hijo: "Hola, T-Money. ¿Cómo está el bebé de mamá?" Los brillantes, grandes y hermosos ojos de Tyler me miraron mientras él estaba de pie en su cuna con una enorme sonrisa en la cara. Mi niño me agarró la cara, con las manitas en las mejillas, y la acercó a la suya. Me examinó como si tuviera una ventana abierta a mi alma mientras me miraba. Me frotó la mejilla como para limpiar los lugares donde habían caído mis lágrimas, me dio un beso y luego me dio palmaditas en la cabeza o el brazo, ahora no lo recuerdo. Me asusté, por no decir otra cosa. Esto es importante porque el autismo es un trastorno que carece de conexión emocional y contacto visual. Dicho esto, podría haber sido mi imaginación, pero lo tomaré como lo que era: consuelo, su forma de decir que los dos íbamos a estar bien.

Me eché a reír, los dos soltamos una carcajada y él se mostró de lo más cooperativo que había estado hasta ahora. Esto fue un momento decisivo, y creo que él sabía que yo necesitaba ayuda. Así es como recuerdo el comienzo de nuestro viaje: un niño que trabajaba sin descanso para complacer, cumplir y superar.

Asistir a la fiesta de cumpleaños de mi ahijada con Tyler me dio una experiencia reveladora. En aquel evento había niños por todas partes. Algunos eran parientes y otros no se conocían, pero cada uno de ellos era completamente capaz de interactuar con los demás. Tyler lloró y lloró durante horas. No se dejaba tocar ni hacía contacto visual.

El padre de Tyler se quedó en casa ese día. Estaba sumergido hasta las rodillas en la adicción que estaba destrozando a nuestra ya frágil familia. Desde el principio, él rara vez quería ver a Tyler cerca de otros niños. Tal vez sus hábitos lo dejaron permanecer en la oscuridad acerca de lo que estaba pasando. Ojos que no ven, corazón que no siente, ¿no?

Estar sola y tener que vigilar cada movimiento de Tyler era agotador y daba miedo. Lamentablemente, era lo esperado. La búsqueda de ayuda para mi hijo fue un espectáculo unipersonal el noventa y nueve por ciento del tiempo. Muchas veces me pregunto cómo lo logre. Mi madre me ayudó, y la madrina de Tyler también, pero no es lo mismo que tener un cónyuge que te apoye, una persona que comparta el mismo ADN que tu hijo. Sin embargo, pedir su ayuda era demasiado. La persona que había prometido honrarme y educar a nuestro hijo como es debido se había desentendido completamente de nosotros dos.

Esa fiesta consolidó todo lo que había estado pensando y sintiendo. Sinceramente, no me merecía soportar el dolor de ese momento, pero necesitaba absolutamente tenerlo. Tyler estaba rodeado de una saludable mezcla de edades: algunos niños mayores, otros más jóvenes, algunos a su mismo nivel; pero todos ellos actuando dentro de lo que una persona regular consideraría el rango normal de comportamientos apropiados para sus edades. Era difícil no compararlo con uno o dos niños más, pero la sensación de que mi hijo se estaba quedando atrás era más que una noción que había que aceptar.

Una cosa era cierta... había llegado el momento cunado necesitaba ir más allá del pediatra y obtener algunas respuestas para mi hijo.

Capítulo 3

EL DIAGNÓSTICO - UN PRESENTIMIENTO CONFIRMADO

Bajo ningún concepto permitiré que la sociedad me hable de mi hijo, que me condenen si eso ocurre.

Se dice que Dios pone a la gente en tu camino para que te ayude. Tyler y yo lo vivimos muy pronto con la figura de su madrina, quien trabaja como patóloga del habla y el lenguaje en la Universidad de Illinois.

Algunas personas confunden lo que hace un patólogo del habla y el lenguaje con los servicios que presta un terapeuta del lenguaje. El segundo trabaja con los niños para que pronuncien bien los sonidos. El primero profundiza en las partes del habla de un niño, incluyendo aspectos como la captación de señales sociales, la elección de palabras, el diálogo receptivo frente al expresivo y la corrección de deficiencias físicas en la formación de los sonidos.

Gracias a Dios Todopoderoso que nos bendijo con la madrina de Tyler, Sara. Tras una larga conversación con ella sobre el comportamiento de mi hijo, pensamos que lo mejor sería realizar una evaluación transversal para comprender lo que estaba ocurriendo desde un punto de vista clínico. Como ya te habrás imaginado, una evaluación transversal es una serie de pruebas que califican las discapacidades de un niño para medir qué servicios le permitirán controlar mejor su comportamiento. Sara observó atentamente a Tyler y sospechó que algo ocurría bajo la superficie. Ella se enfrentó a su propio conjunto de retos mientras equilibraba los papeles contradictorios de ser una experta profesional, mi querida amiga y la madrina de Tyler. Para leer sus pensamientos sobre la condición de Tyler, su maravillosa visión de su vida y el proceso del descubrimiento lee el capítulo seis.

Una evaluación me pareció la forma más inteligente de avanzar. Quería respuestas, sin importar cuáles pudiera recibir. Cualquier verdad sería mejor que la incertidumbre que revuelve el estómago y da dolor de cabeza al no saber. Al menos, eso es lo que pensé en ese momento y no sabía que la investigación daría lugar a muchas pruebas, altibajos y espirales.

La mañana del examen, confiaba en que Tyler estaría bien descansado. Le vestí con unos pantalones suaves de lana y una camiseta: eran cómodos para él y se veía adorable. Me temblaban las manos, los nervios me subían por los brazos y por la columna vertebral mientras se apoderaban de mí y de mis pensamientos. Yo esperaba que mi hijo reaccionara bien ante un entorno desconocido y personas extrañas para él.

Tras un largo viaje desde Bolingbrook, un suburbio de Chicago, llegamos a la zona de West Side. Recé para que esta parte de la aventura en la sala de espera no durara mucho: a Tyler no se le daba bien esperar y era primordial para él tener un buen comienzo. Su papá estaba con nosotros, lo que debería haberme dado una razón para estar tranquila. En lugar de eso, la situación me dio un poco más de ansiedad, pero al mismo tiempo me sentí muy feliz de poder contar con su apoyo. Más adelante mi marido se involucró más en el viaje de Tyler.

El tiempo pasaba y las paredes de la sala de espera parecían encogerse minuto a minuto. Nos llamaron para que siguiéramos al miembro del personal a una sala y nos pidieron que respondiéramos a lo que parecían un millón de preguntas. El equipo interdisciplinario solicitó llevar a Tyler a otra sala para poder observarlo. Cuando los médicos lo sacaron, yo tuve la sensación de que me clavaban un cuchillo en el estómago. Asimilar que iban a examinar cada movimiento de mi hijo me enfermaba y comprender que no podía estar allí para protegerle, destrozó mi confianza como su madre. Sin embargo, todo esto formaba parte del proceso de evaluación.

Los médicos garabateaban en sus portapapeles, haciendo una pregunta tras otra: "¿Juega bien con otros niños?". "¿Conecta o crea lazos afectivos con usted?". "¿Cuáles son sus actividades favoritas? Mientras yo respondía lo mejor que sabía y observaba, mis pensamientos se quedaban en y con Tyler.

Entonces llegó el momento de la entrevista cuando por fin pudimos observarle a través de un espejo bidireccional. Como su madre, era evidente para mí que los médicos buscaban algo que él simplemente no podía proporcionar en forma de respuesta. Quería que mis instintos estuvieran equivocados, pero a medida que avanzaba el tiempo y se prolongaban las pruebas, sabía que las perspectivas no eran tan halagadoras como esperaba. Tal vez, sólo tal vez, mi "instinto" estaba equivocado. Hasta este día, nadie podría convencerme de que el día entero no había pasado. Aunque probablemente solo fueron tres o cuatro horas, en mi mente estuvimos en ese lugar una eternidad.

Una vez terminada la sesión, el padre de Tyler y yo esperamos ansiosos los resultados, rezando para que llegaran pronto. Lo que empeoraba infinitamente las cosas, al menos para mí, era que como Sara había formado parte de la observación de Tyler, ella tenía las respuestas que yo necesitaba desesperadamente y no podía hablar de lo que ella pensaba hasta que el equipo interdisciplinario hubiera terminado su revisión. Hemos discutido los aspectos del estudio varias veces antes de comprometernos con la serie de pruebas en aquellas instalaciones. Al final, decidimos que, ya que ella había estado a mi lado durante todo el proceso, tenía sentido que continuara el viaje con nosotros. Su compasión y paciencia nos ayudaron a adentrarnos en la siguiente fase de esta aventura.

Este trastorno no es "personal": el autismo afecta económicamente a familias de clase social media o pobres; impacta a padres con estudios superiores y a los que apenas han terminado la preparatoria. En esas famosas palabras... es lo que es; y ahora teníamos que averiguar potencialmente cómo iba a ser la vida de Tyler, y cómo dibujaríamos ese cuadro su padre y yo. Estábamos en una buena posición económica para garantizar que nuestro hijo recibiera la ayuda que necesitaba para tener éxito en su vida.

Por fin llegó el día en que el padre de Tyler y yo volvimos a Chicago desde los suburbios. El trayecto fue tranquilo, ya que a ninguno de los dos nos apetecía fingir una charla trivial cuando ambos sabíamos que nos estábamos preparando para una noticia que marcaría la existencia de nuestro hijo para siempre.

La combinación de un viaje largo y silencioso y la preocupación por el futuro de Tyler empezó a hacerse sentir antes de que llegáramos al campus de la Universidad de Illinois. Una vez más, nos hicieron pasar a una habitación con luces artificiales y un olor a hospital esterilizado que me hizo sentir aletargada a pesar de que no hacía más de unas horas que me había despertado.

La pequeña sala de conferencias se destacaba por una larga mesa, en cada asiento a lo largo de los dos lados se sentaban los médicos que habían examinado a Tyler: un terapeuta físico, un terapeuta ocupacional, un psicólogo clínico, un patólogo del habla, y el jefe del equipo. Verlos a todos reunidos en el mismo lugar me hizo sentir miedo. Sus rostros eran estoicos, incluso abominables, como si estuvieran esperando para lanzar la mayor de las bombas en mi vida. Yo sabía en el fondo de mi alma que las noticias iban a ser una confirmación de lo que había esperado desde el principio, en lugar de lo que había deseado y por lo que había rezado.

Cada médico se tomó su tiempo para leer lo que parecían pilas de papel que contenían sus observaciones. Un doctor rompió el espeso silencio que llenaba la sala y después uno a uno fueron explicando sus conclusiones en lo que yo sólo podía definir como "lenguaje clínico". Mi cabeza palpitaba y el calor irradiaba alrededor de mi cara mientras todos los especialistas en la sala nos hablaban de nuestro hijo como si estuviéramos trabajando en el mismo campo, sin tratar de traducir la fría terminología médica, que sonaba tan extraño como ruso o chino para nosotros.

Como si hubieran leído la confusión que había en mi mente, un miembro del personal resumió toda la terminología patológica en palabras que yo podía entender y que había estado temiendo: "Creemos que Tyler es autista o, al menos, está dentro del espectro. Presenta los siguientes síntomas...".

Sinceramente, no recuerdo lo que se dijo después de este momento. Simplemente era demasiado para mí. Se me apretó el pecho y la respiración se me dificulto. Mi marido intentó consolarme. No podía hablar. No podía ver. La negación se apoderó de mí incluso antes de que innumerables preguntas aparecieran en mi mente:

¿Cómo es posible?

¿Por qué los médicos no lo detectaron antes?

¿Hice algo mal durante el embarazo?

¿Qué demonios está pasando realmente?

"¿Qué significa esto?" pregunté pasando el nudo en mi garganta una vez que encontré mi voz. Las lágrimas caían sin cesar mientras me dolía el corazón. Te prometo que, por más que sospechara, no estaba preparada para la confirmación de mis temores.

Mientras ordenaba mis pensamientos y formaba mis labios en torno a esa primera pregunta, más dudas brotaron como un río embravecido:

"¿Cómo será la escuela para él?" "¿Aprenderá a hablar?"

"¿Qué le espera en el futuro?" "¿Qué? ¿Qué? ¿Qué?"

Aún conservo vagos recuerdos de uno de los médicos diciendo que, como mi hijo no era verbal, no estaban seguros de cuál sería su futuro, pero confiaban en que contribuiría a la sociedad de alguna manera significativa.

Mi mente se quedó atrapada en esa afirmación en particular, pensando fijamente en mi hijo creciendo para trabajar en empleos de nivel básico. Eso no es necesariamente malo, pero su padre y yo tenemos varios títulos y pensábamos, no, soñábamos con que nuestro hijo siguiera nuestros pasos. No podíamos imaginar ese tipo de vida al que aludían los médicos. Contribuir de alguna manera significativa. En ese momento, algo me habló y, en retrospectiva, sé que era la voz de Dios que me platicaba directamente. La voz dijo: "Ya está hecho... ahora empieza a trabajar". En ese instante, inhalé profundamente y recordé quién era yo, lo increíble que era mi hijo y lo poderoso que era mi Dios.

"Bien. ¿Y ahora qué?". pregunté, buscando la respuesta en los rostros de los profesionales que se sentaban a la mesa. "¿Qué hacemos para darle a mi hijo la mejor oportunidad en la vida?".

La decisión estaba tomada: hablaría de la vida de Tyler y de sus posibilidades, no de sus discapacidades ni de lo que pudiera ser. Mi fe llenó mis pulmones como si fuera aire fresco y me permitió respirar, dándome permiso para considerar el futuro de mi niño sin miedo. Sabía que Dios estaba conmigo y con mi familia. Todas las incertidumbres sobre mi hijo desaparecieron, y nació mi Príncipe de Bel-Air, como él mismo se llamaría más tarde.

Capítulo 4

LA MONTAÑA RUSA DE EMOCIONES

El dolor visceral es indescriptible. Es como un grito vacío sin voz, una amargura que no se puede expresar con palabras y la pregunta que resonaba en mi mente: ¿Cómo seguir adelante?

No hay dos padres que tengan la misma reacción al enterarse de que su hijo tiene autismo. Para mí, el dolor devastador me lleno con una intensidad cuando oí que mi hijo "no era normal", que quizá nunca hablaría, que mi hijo "nunca llegaría a convertirse en la esperanza y los sueños por los que había rezado". Con cada gramo de valor y fuerza que me sostenía, seguía sin poder comprender lo que parecía irreal.

En las semanas y meses siguientes al diagnóstico, me sentía confusa o simplemente paralizada, mental y físicamente. Me abrumaban los pensamientos sobre lo que podría haber hecho mal. Esto es bastante normal para cualquier madre quien tenga un hijo con retrasos en el desarrollo u otras condiciones diagnosticadas en la infancia. No podemos culpar al niño. Ponemos el problema en nuestras manos porque es lo único que tiene sentido, pero también aumenta el peso de nuestra culpa y vergüenza. Empiezas a hacerte preguntas como: ¿Tomé todas mis vitaminas prenatales? ¿Tomé suficiente ácido fólico? ¿Descansé lo suficiente? ¿Debería haberme tomado mi incapacidad por maternidad antes? ¿Fue mi inhabilidad para manejar mi estrés por la ansiedad de las malas decisiones y comportamientos de mi esposo lo que causó este trauma mientras estaba embarazada de Tyler?

En aquella época, los primeros estudios indicaban que era la falta de conexión o la distancia de la madre lo que repercutía en el niño. Esto me hizo obsesionarme con el papel qué tuve y cómo lo desempeñé. Tal vez esto o aquello había ocurrido o no. En un esfuerzo por evitar los mismos problemas con mi siguiente hijo, todos los folletos, documentos y hojas de papel que pude leer se convirtieron en mis libros de texto sobre las causas del autismo. Me convertí en un lector voraz y en cierto modo en un experto en el tema. Estudiando folletos y asistiendo a seminarios, devoraba nuevas capacitaciones e información como un niño come sus caramelos de Halloween. Es posible que no haya habido una cura, pero yo estaba decidida a leer todo lo que pudiera sobre los avances que se estaban haciendo, los medicamentos que se estaban probando y las técnicas que mostraban progresos. Estas acciones me dieron cierta sensación de control sobre la situación. Ya no probaba ciegamente métodos o ideas extremas, intentando averiguar cómo ayudar a mi hijo y agitando el puño ante la gran incógnita de lo que podía estar mal en él. En lugar de eso, utilicé los conocimientos adquiridos para empoderarlo cada vez más a él y a mí misma.

Obviamente, todos esos momentos fuertes tuvieron sus correspondientes momentos débiles. Cada vez que había que tomar una decisión, luchaba una y otra vez por mantenerme firme. Tenía que escoger: hundirme en la autocompasión y derrumbarme, o encontrar la manera de profundizar y recuperarme para ayudar a mi hijo a salir adelante contra todo lo que se presentaba frente a nosotros. Las crisis internas se convirtieron en una emoción poco sana y habitual. Para conseguir algo de consuelo y control, aprendí a fingir el malestar. "Fíngelo hasta que lo consigas" era mi mantra para poder hacer esfuerzos constantes y sólidos por hacer lo que fuera necesario para ayudar a mi hijo. Eso no significa que no siguiera acosada por la duda, el miedo o la preocupación. Muchas noches las lágrimas fluían mientras comía paquetes de galletas Oreo o bolsas de Doritos, pero me convencí de que sucumbir a la autocompasión no sería lo mejor para Tyler. Caminar hacia adelante era la única dirección que tomaría. Más tarde mi mundo cambió de una forma que no esperaba.

Lo que más me dolía era la forma en que el mundo que me rodeaba trataba a mi hijo. Amigos que tenían más conocimientos que yo y estaban formados en psicología actuaban como si no entendieran nada del autismo y yo sé que no era así. Intenté que Tyler tuviera algún tipo de relación "normal" con personas que no fueran de la familia. Los actos sencillos me rompieron el corazón más frecuentemente de lo que esperaba. Por ejemplo, en una fiesta de cumpleaños oí a alguien decirle a mi hijo que no podía tener un globo de un color determinado porque la cumpleañera lo quería y era su cumpleaños. Tyler no lo entendía. Las lágrimas brotaron de sus ojos y rodaron por sus mejillas. Luego soltó un largo y desgarrador gemido que no se detuvo ni pudo ser callado. Intenté consolarlo, lo que siempre fue agobiante. Esta persona no conocía a Tyler y no podía saber los factores más básicos para tratar con niños que viven con autismo. Desenredó sin querer los sentimientos tensos de mi niño y luego lo olvidó como si fuera una hormiga debajo de un zapato, y yo me lo tomé como algo personal. Aunque creo que no fue intencionado, ese momento de dolor me acompañará hasta mi tumba.

Frecuentemente, el comportamiento de los demás resulta más doloroso para los padres y tutores de los niños con espectro, ya que algunos niños autistas no son muy conscientes de lo que puede resultar ofensivo. A veces, sigo albergando emociones provocadas por la pura ignorancia y otras personas no tan bienintencionadas, pero mi creencia en Dios me ha ayudado a dejar atrás la mezquindad que muestran muchas personas. Las madres deben comprender y estar preparadas para lo inesperado, ya sea por parte de familiares, amigos e incluso profesionales. La ignorancia y la crueldad absoluta que se da y las cosas groseras que oirás de la gente "normal" te harán preguntarte quién necesita más ayuda: ¿ellos o mi hijo? Una vez, alguien me dijo que el Diablo era la razón por la que Tyler tenía autismo e hizo un gran escándalo por su forma de actuar. Es extraño y desconcertante pensar cómo la gente de fe puede llegar a acusar a Dios de maldecir a un niño, llegando incluso a ridiculizar a quien Él quiso que fuera mi hijo. Los cristianos, en particular, suelen ser los primeros en decir que la discapacidad de un niño es una maldición. Gracias a Dios no comparto esa forma de pensar. Muchas veces, la gente veía con disgusto a Tyler cuando se portaba mal. No es raro que los niños pequeños y los niños en edad preescolar se porten mal, pero los menores que viven con autismo tienen dificultades para calmarse y autorregularse, y sus arrebatos pueden ser más dramáticos que los de otros chiquitos. Sin embargo, estas reacciones me devastaron y me daban ganas de tomar a mi hijo y protegerlo del resto del mundo. Era tan valioso y amable que no se merecía ese tipo de trato. Nadie lo merece.

Uno de los cambios más sorprendentes de esta historia para mí fue el crecimiento que observé en mi marido; de estar desconectado y no ser solidario en los primeros años de Tyler a ser uno de sus mayores defensores más adelante en su infancia. Él no se avergonzaba de quien era su hijo, ni siquiera en los momentos cuando lo único que yo quería hacer era protegerlo. La relación con mi esposo no siempre fue la mejor y los retos de cuidar a un niño con necesidades especiales hicieron una hendidura en nuestro matrimonio. En retrospectiva, creo que nuestros esfuerzos unidos por garantizar el mejor futuro para Tyler fueron el pegamento que nos mantuvo unidos durante más de veinticuatro años. Junto con sus adicciones y problemas, el estrés y la lucha podrían haber acabado con nuestra relación en el momento cuando Tyler nos necesitaba a los dos desesperadamente, pero me alegra decir que ese no fue el caso.

El padre de Tyler le defendió de otras personas cuando su ayuda era más que necesaria. Espero que en algún momento en el futuro lleguemos a reconciliar las dificultades entre nosotros y celebremos lo que hemos logrado juntos. Para los hombres puede resultar difícil ser padres de niños con necesidades especiales, especialmente si son hijos varones.

No saben cómo reaccionar o comunicarse con ellos y eso puede dar lugar a que se hagan de la vista gorda ante los problemas. Al igual que mi marido quien no me acompañaba a muchas de las citas pediátricas de Tyler, otros padres optan por vivir en la oscuridad de otras maneras. Ellos tratan de convencerse a sí mismos de que un poco de trabajo duro, algo de juego brusco, ver algo de deporte, ir de caza, de pesca o de campamento hará que sus hijos se comporten como cualquier de los hijos de sus amigos. No hay un "interruptor" invisible que pueda cambiar la condición de nuestro hijo, y no estoy segura de sí lo activaría, aunque lo tuviera.

Nuestro segundo hijo nació sordo y con bajo peso, y de nuevo me llene de dudas. No estoy segura de lo que sintió mi marido al tener dos hijos con necesidades especiales, ni de lo que tuvo que soportar mentalmente. No era tan abierto conmigo sobre sus pensamientos, pero sé que quiere a sus hijos, y ellos lo quieren a él. Nadie podría habernos preparado para la destrucción, la devastación y el impacto que estos nuevos acontecimientos tendrían en nuestro matrimonio y nuestra relación. Sin embargo, nos apoyamos en la esperanza y en la espectacular belleza que nos mostró la línea de meta.

Capítulo 5

EL VIAJE EDUCATIVO

Una vez hecho el diagnóstico, ¿qué se debe hacer a continuación? ¿Cómo preparamos a un niño no verbal de dos años para un futuro claramente desconocido? 1 Tesalonicenses 5:17 exige que oremos sin cesar y ésta era mi petición:

"Al empezar y terminar cada día, pido a Dios que me proteja y me ayude a tener la fuerza y el conocimiento necesarios para tomar las decisiones adecuadas".

El término "intervención temprana" se exigía con razón, y los numerosos profesionales médicos nos informaron de que necesitábamos llevar a Tyler a un programa que apoyara su futuro potencial. Intervención temprana es el término utilizado para describir los recursos disponibles para bebés y niños pequeños con retrasos y discapacidades del desarrollo, así como para sus familias. Estos servicios pueden incluir, entre otros, una combinación de terapia de habla, terapia física y terapia ocupacional, junto con tipos de servicios que se basan en las necesidades del pequeño y la familia. Intervenir pronto también puede tener un impacto significativo en la capacidad del niño para aprender nuevas habilidades, superar retos y aumentar su éxito en la escuela y en la vida. Los programas, algunos de ellos financiados con fondos públicos, están disponibles en todos los estados y frecuentemente se pueden encontrar de forma gratuita o a un costo reducido, para cualquier menor que cumpla los requisitos.

Con esta información, comenzó la búsqueda. Primero, me quedé con el extenso diagnóstico y el estudio realizado en la Universidad de Illinois. Poco sabía yo entonces, pero el informe inicial me colocaría en una categoría de padres "informados" para que la atención se centrara más en el plan educativo individual (PEI) de Tyler. Empezamos con un régimen completo, un plan terapéutico de tratamiento integro, que al principio funcionó para regularlo. Este programa consistía en usar chalecos con peso y columpios y toboganes terapéuticos, así como un terapeuta del habla y un terapeuta ocupacional ya que aplicaban enfoques de tratamiento similares. Ambos trabajan con clientes que tienen problemas de alimentación, deglución, cognitivos, posturales y dificultades de aprendizaje del lenguaje. Está demostrado que diferentes enfoques de problemas similares en una sesión combinada junto con un programa de intervención temprana basado en el aula pueden ayudar a aumentar los resultados para el niño.

Así que tomé a mi precioso niño de dos años y medio, de ojos grandes y hermosos, y lo puse en un autobús escolar que lo llevaba al programa del instituto educativo de mi distrito escolar. El transporte también lo recogía por la tarde tres veces a la semana para llevarlo a terapias privadas ocupacionales y del habla. En el momento en que Tyler fue diagnosticado, las variedades de recursos y herramientas disponibles ahora simplemente no abundaban en ese entonces. La gran parte de esta terapia se pagó de nuestro bolsillo. Al principio, los costos eran astronómicos. Como dice el refrán: a quien mucho se le da, mucho se le exige. Con el paso del tiempo, tendría que aprender, investigar y utilizar todas las ventajas que el estado en el que vivía me ofrecía en función de los requisitos.

Cuando Tyler cumplió tres años, mejoró mucho y avanzó más allá del vaso para sorber, lo que significaba superar el miedo a deglutir y probar al menos algunos alimentos nuevos. Reflexionar sobre aquellos tiempos es divertidísimo cuando pienso en lo mucho que mi hijo come hoy en día y en el hecho de que él devora cualquier cosa que cocino. Por aquel entonces, su dieta consistía en Nuggets de pollo y patatas fritas. Su papá hacía todo lo posible para que comiera "bocaditos", casi como un pajarito que alimenta a sus crías.

A medida que avanzábamos en el tratamiento, se impartían seminarios sobre medicamentos experimentales -sí, probamos unos cuantos- sin resultados visibles, aparte de la tortura que suponían para Tyler. Él detestaba las agujas. Yo asistía a todos los seminarios en los que la gran Dra. Temple Grandin era ponente invitada y en mi mente estallaron fuegos artificiales. Ella era un ejemplo de éxito de alguien quien vive con autismo y me dio una nueva esperanza para mi hijo. El trabajo de su vida había sido comprender su propia mente autista y compartir ese conocimiento con el mundo. Sus descubrimientos sobre el trastorno del espectro autista han ayudado en el tratamiento de personas con una condición similar. Su apreciación de la mente humana facilitó su trabajo con el comportamiento animal y también la convirtió en una de las expertas en autismo y comportamiento animal más respetadas del mundo. Lo que más me fascinó fue la forma en que ella expresó lo que sentía ante el mundo exterior y los estímulos. Su experiencia me ayudó a sentirme más conectada con Tyler y a comprender mejor a qué se referían los terapeutas cuando decían: " Él piensa en archiveros", es decir, cuando necesita recuperar algo, va allí a buscarlo. Nosotros pensamos en abstracto, y él piensa más literalmente.

Se reunieron tantas cosas en esos primeros años. Adquirí conocimientos sobre la enfermedad, los comportamientos, las intervenciones y los resultados de nuestros esfuerzos. Sabía a qué servicios tenía derecho Tyler y llevaba una carpeta con toda esa información para prepararme para las reuniones con sus profesores para modificar su plan educativo en cualquier momento. Una cosa era cierta: todos los distritos escolares sabían cuando esta Mamá Osa hacía su aparición en sus pasillos, no solo estaba informada y educada, sino que también era consciente de mis derechos. Si las cosas parecieran menos que óptimas para Tyler, no dudaría en hablar del debido proceso y contratar al abogado adecuado. Ahora hay muchos más recursos en Internet que antes no estaban disponibles. Todos los padres deberían investigar y aprovechar todos los datos, tomar decisiones acertadas y mantenerse informados.

Permítete ver lo que parece ser el desarrollo "natural" de tu hijo sin compararlo con otros. El autismo es una especie de don que se comprende mejor cuando se es paciencia con él. Aprender a redefinir el éxito y el triunfo es lo que me permitió aceptar cada uno de los planes educativos individualizados (PEI) de Tyler y cuando los profesores nos hablaban del increíble trabajo que habíamos hecho con él. Todo eso me permitió darme cuenta de que lo estaba haciendo bien como madre y nos llevó a celebrar esas victorias.

En definitiva, conocimos a educadores fenomenales, apasionados por los niños con necesidades especiales, que apoyaron mucho a mi hijo a lo largo de su trayectoria. A medida que crecía y me sentía más cómoda con lo que necesitaba año tras año, trabajamos con todos los programas y tratamientos que lo colocaron en un camino ideal hacia el éxito, como leerán más adelante en el libro.

Un último consejo para los padres que se embarcan en este viaje: empiecen pronto, sean persistentes, traten de comprender antes de ser comprendidos y trabajen con su equipo terapéutico privado, así como con los educadores de su distrito escolar, para informarse sobre los distintos tratamientos que tienen sentido. Todo saldrá bien para usted y sus hijos.

Capítulo 6

EXPLORANDO LOS DONES DE TYLER

Un resquicio de esperanza aparece cuando menos te lo esperas.

A pesar de todas las preocupaciones e inquietudes que tuve desde los primeros días de Tyler sobre cosas como su falta de contacto visual y su desinterés por otros niños, era igualmente obvio que también tenía algunos dones extraordinarios que otros niños no tenían.

Como mencioné en el capítulo inicial, mi hijo se puso de pie y caminó a la edad de nueve meses. No me refiero sólo parase y dar un paseo. Lo hizo todo sin tambalearse. Ese equilibrio tenía la calidad de una estrella olímpica. También Tyler hizo cosas que la mayoría de los niños pequeños no tendrían ni idea de cómo empezar: armar rompecabezas más complicados y resolver un cubo de Rubik. Me quedó claro que había más en él de lo que jamás hubiéramos imaginado, pero no sabíamos qué pensar de todo esto. De algún modo, los restos de la discapacidad se cambiaron por la belleza de unas capacidades increíbles.

TYLER-MI NIÑO MARAVILLLA

Los niños, por naturaleza, son exploradores y Tyler no era en absoluto diferente en ese sentido. Muy joven, puso los dedos en el teclado y empezó a tocar, pero lo hizo sin ningún entrenamiento formal. De nuevo, no se trataba de un niño cualquiera que se encontraba con el instrumento y presionaba las teclas una y otra vez porque le gustaba cómo sonaban. Era un niño que aprendía patrones mucho antes de tener una educación formal o ejemplos de cómo se hacía música. Podía tocar una canción después de escucharla unas pocas veces. Estoy segura de que a mí me costaría mucho lograr eso, aunque hubiera escuchado una canción todo el día.

Tyler siguió sorprendiéndome con su ingenio. Sabía crear a partir de, lo que sólo puedo creer, lo que imaginaba o escuchaba en su mente sin la influencia de ninguna instrucción externa. Uno de sus profesores utilizó el término "El Síndrome de Savant" para describir lo que mi hijo hacía. Este término se utiliza mucho cuando los niños muestran grandes habilidades a una edad temprana. Un autista con el Síndrome de Savant es una persona con autismo que además posee una única área extraordinaria de conocimiento o habilidad. ¿Podría ser esto lo que querían decir usando ese término? ¿Cómo es posible que mi hijo no hable y, sin embargo, toque el teclado, resuelva un cubo de Rubik o puede mostrar el camino a cualquier Burger King en Ann Arbor Michigan? Hasta el día de hoy, no estoy segura de sí Tyler es o no un autista Savant, pero hay aspectos interesantes de su vida que demuestran habilidades poco comunes.

Él tenía también otros dones que tardaban en desarrollarse, pero cuando lo hacían, era como ver el sol salir de detrás de las nubes e iluminar todo el cielo. Con el tiempo, Tyler aprendió a aceptar el mundo que le rodeaba y a quererlo igualmente. Tenía diez, tal vez doce años cuando se formó su personalidad, y disfrutaba las festividades grandes como Halloween y Navidad. De un niño tranquilo que no quería ni mirar a su propia madre a un niño feliz que disfrutaba los caramelos y los regalos, la transformación fue notable para todos nosotros. Era, y sigue siendo, increíblemente guapo, así que disfruta de la atención en todas partes donde va. También ha aprendido a aceptar mi amor por las compras.

A Tyler le encantaba mantener limpia su habitación y ayudarme a ordenar la cocina. Un don del autismo que comparten muchos niños es el poder de organización, y él no es una excepción. Aunque estábamos preocupados y asustados cuando recibimos el diagnóstico, con el tiempo quedó claro que la intervención temprana fue lo mejor que nos podía haber pasado. Progresar en este conocimiento nos permitió trabajar en la conexión con el mundo que le rodea, estimular su amor por el deporte y también abrirse a su padre y encontrar formas de interactuar y mantener una relación con él. La alegría que sentí por Tyler y su papá, por nuestra familia, no se puede expresar con palabras.

Lo que los médicos y los profesionales pensaban que era un pronóstico desalentador para la vida de mi hijo con autismo, resultó ser más bien como encontrar un tesoro enterrado. Descubrí que Tyler tenía sentido del humor. Ni siquiera estoy segura de que fue lo que me hizo darme cuenta. Uno de los rasgos distintivos del trastorno del espectro autista es la dificultad para captar conceptos abstractos o conectar emocionalmente con los demás. Qué agradable sorpresa fue saber que mi hijo entendía lo que hacía que algo fuera gracioso y que también podía hacer reír a la gente. Una subestimación es reveladora. Una y otra vez, Tyler desafió las probabilidades. Pero cuando lo pienso, su padre y yo somos tan cómicos que él estaba destinado a reír o a no tener suficiente sentido de humor y llorar.

Luego Tyler quiso aprender a montar en bici. Ten piedad. Él había sido increíble en todo lo demás en lo que había puesto su mente y sus manos. Entonces, ¿por qué estaba nerviosa? Me di cuenta de que no estaba dentro de mis habilidades. No fue porque yo no supiera montar en bicicleta, aunque, según mi madre, tuve rueditas en la bici hasta los trece años. Era mi propio miedo a caerme y la idea de que mi hijo autista pudiera fracasar, o peor aún, que pudiera ser visto como alguien que se pasa de la raya. No podía soportar la idea de que Tyler pudiera hacerse daño. Extraña y maravillosamente, este fue el momento en que las habilidades de su padre se pusieron en marcha.

Estaba preocupada que el queria enseñarle a nuestro hijo a montar en bicicleta tan pronto. Tyler tenía unos siete u ocho años, y eso me parecía temprano para un niño con autismo. Muchos niños con autismo tienen problemas de coordinación mano-ojo y de envío de señales al cerebro que el cuerpo debe ejecutar.

A Tyler le fascinaban las ruedas y las cosas que giraban, así que se pasaba horas sentado en la banqueta de nuestra privada observando a los niños montar en bicicleta en círculo. De vez en cuando, corría detrás de ellos e intentaba meter la mano en los radios. Me aterrorizaba que le atropellaran o le cortaran los dedos.

Para mi consternación, un día su padre llegó a casa con una bicicleta Sting-ray azul con ruedas de montaña y dijo: "Voy a enseñarle a montar este fin de semana". Mi primera reacción fue que este tonto había perdido la cabeza. Le eché una mirada de reojo y esperé que Tyler no mostrara mucho interés en la bici, sin embargo, este no fue el caso.

Un sábado por la mañana, temprano y soleado, el padre de Tyler lo vistió y me dijo: "Nos vamos. Hasta pronto".

Los pensamientos no paraban de pasar por mi mente. ¿No comprendía su padre el peligro de enseñar a Tyler a montar en bicicleta? ¿Por qué tenía que aprender a montar en bici ahora? ¿No había otra cosa que pudiera enseñarle a Tyler sin riesgo de que le hiciera daño? Una vez que las preguntas se agotaron en mi cabeza, me di cuenta de que no escuchaba ningún ruido afuera de la casa. Ninguna interrupción. Ninguna caída. Mientras limpiaba la casa, me asomé por la ventana y no vi a Tyler ni a su padre. En aquella época no disponíamos de teléfonos móviles, así que no estaba segura de lo que había ocurrido. Recé para que su padre tuviera mejor juicio que el de haber sacado a mi bebé de nuestra privada. Tenía la ligera sospecha de que había llevado a Tyler desde nuestra casa en Bolingbrook hasta la calle 35 con Giles, donde vivía su madre, para enseñarle a montar en bicicleta. No podía ser tan irresponsable, ¿verdad?

Los minutos se convirtieron en horas, de tres a cuatro para ser más exactos. Cuando por fin llegaron a casa, Tyler estaba dormido en el coche. Su padre lo llevó arriba, volvió abajo y me explicó que nuestro hijo lo había hecho muy bien. Le había llevado a un estacionamiento vacío de una iglesia y el niño se había caído, pero sólo un par de veces. Mi esposo le ayudó a impulsarse cuando se subió a la bici. Su padre confiaba en que en un par de días Tyler sería capaz de montar en bicicleta. Aunque estaba preocupada, me sentía animada y optimista.

Durante esos días yo estaba agotada y planeando la siguiente semana de trabajo. Recuerdo que mi marido tenía que tomar un momento para sí mismo. Yo sabía lo que eso significaba: que tardaría horas en llegar a casa y no estaba segura de qué personalidad podría aparecer cuando lo hiciera.

Tyler se despertó jugando. Yo estaba en mi oficina en la parte de en frente de mi casa. Oí abrirse la puerta del garaje, y asumí que era el padre de Tyler, pero el nunca entró. Por alguna razón, no consideré que podría haber sido cualquier otra persona que no fuera mi marido.

Luego escuche un eco de risas desde afuera. Fui a la habitación de mi hijo, pero, él no estaba allí. Rápidamente me dirigí al patio trasero, pero tampoco lo encontré. Mi corazón empezó a latir con fuerza mientras buscaba en el interior de nuestra casa, deduciendo que de alguna manera Tyler se me había escapado. Aunque nuestra casa era grande, no había demasiados lugares en los que él pudiera haber estado. Al recordar que había oído abrirse la puerta del garaje, entré en el espacio y me di cuenta de que el coche de Randy no estaba allí. Salí a la entrada y vi a mi niño pedaleando por la calle como Lance Armstrong, simplemente riéndose. A veces sin manos, otras veces con los pies en alto, como si llevara años montando en bicicleta. Pasó rápidamente a mi lado y me dijo: "¡Mírame!". Una de las pocas veces que habló, y fue con un propósito.

Aplaudí a mi bebé y le dije: "¡Vamos, Tyler, vamos, Tyler!". Llena de orgullo, vi que mi hijo era mucho más de lo que yo había imaginado.

¿Cómo llagamos de un diagnóstico aterrador a un joven con una inmensa personalidad y rasgos únicos? Créeme, el camino nunca fue una línea recta. Cada día presentaba nuevos retos, pero también muchos triunfos. Cada día requería muchas oraciones, paciencia y persistencia.

"No puedes pisar el mismo rio dos veces."

Este es uno de mis refranes favoritos. La expresión significa que, como el agua fluye siempre tan rápido, el río cambia constantemente. Del mismo modo es la vida con un niño autista. No hay dos días iguales, lo que significa que uno debe estar preparado para que todo funcione o para que nada funcione en cualquier momento. Eso no significa que rendirse o tirar la toalla sea una opción, sino que hay que seguir trabajando para apoyar a tu hijo y sus cualidades únicas. Investiga y únete a comunidades donde se juntan padres con hijos autistas. Intenta todo lo que puedas para establecer una conexión con tu hijo y con personas que puedan ayudarte.

Si, por alguna desafortunada casualidad, no hay una comunidad o grupo de apoyo disponible, recuerda que la soledad no deseada puede llevar tu mente a un lugar de miedo, preguntas y dudas. En este caso, busca libros para leer. La lectura te ayudará a adquirir conocimientos sobre el autismo y sobre cómo establecer conexiones significativas con tu hijo y te dará las ventajas de los recursos que están a tu disposición y a la de tu familia.

Capítulo 7

SASARA, LA MADRINA DE TYLER Y MI AMIGA-HERMANA

Sara es su madrina, mi hermana de fraternidad y mi amiga. Ella es mi musa y mi voz de razón cuando no podía comprender este diagnóstico y, frecuentemente, a mi hijo. De una forma extraña, nos habíamos vuelto dependientes la una de la otra, ya que ambas sufríamos las penas de estar en matrimonios que simplemente no estaban destinados a ser. Sin embargo, Sara siempre tenía la capacidad de enfocarse en los hechos y nada más que los hechos. Sentí un poco de envidia cuando en varias ocasiones tuve que comer paquetes enteros de galletas Oreo acompañados de vodka para poder controlar mis sentimientos. ¿Qué paso con su dolor?

Sara siempre me decía que, al hablar con los papás, empezara por los hechos; era lo que ella practicaba.

"En 2020, los Centros para el Control y la Prevención de Enfermedades (CDC) publicaron nuevos datos sobre la prevalencia del autismo en los

Estados Unidos", indiqué con claridad. "Los varones tienen 4,3 veces más probabilidades de ser diagnosticados en el espectro".

Tyler era y es su ahijado. Él padece un trastorno del espectro autista. Sin embargo, para comprender plenamente su relación, la profundidad de su amor y el inmenso aprecio que ella le tiene, hay que conocer el inicio, el desarrollo y la estructura de su relación conmigo, a quien frecuentemente se refiere con cariño como M's.

Nuestra relación nació de un encuentro que me complace mucho detallar y describir. Conocerme es entender mi humor y mi capacidad para contar una historia. Mi madre es una Delta de los Nueve Divinos, así que estaba claro, tenía que seguir el legado familiar, sin excepciones ni desviaciones. Entonces, cuando llegué al campus, los prospectos a las fraternidades me parecía que se comportaban algo distantes, pero ¿qué sabía yo? Yo era una chica de color quien creció en una pequeña ciudad de Iowa llamada Urbandale. La única niña de color en el sistema escolar público desde los 4 a los 17 años, del 1º al 12º grado. Sara y yo nos reímos regularmente de lo primero que ella pensó de mí.

"¿Quién, te pregunto, se acerca a una novata de Delta Sigma Theta Sorority Inc. durante la Semana Infernal, mientras navega por el patio de la Universidad de Bradley con tal concentración de enfoqué y determinación para ocuparse de sus asuntos? Quiero decir, ¿quién hace eso?"

YO, ¡esa es quien! Cuando tengo preguntas, quiero respuestas, y persigo a cualquiera que pueda darme lo que busco. Esto me ha servido con el tiempo. A pesar de lo que yo describí como su respuesta poco entusiasta, al final me comprometí con la organización, lo que nos convirtió en hermanas de otro nivel. Como cuenta la historia, hemos convivido como amigas y hermanas de fraternidad. Después de la graduación de la Universidad de Bradley, hicimos lo que la mayoría de los graduados universitarios hacen, avanzamos hacia adelante para conquistar el mundo y ser autosuficientes.

Aunque nos enfrentamos a golpes y magulladuras por el camino, conseguimos muchas cosas. Ella se matriculó en la escuela de posgrado de Bradley, se graduó y se hizo patóloga del habla y el lenguaje, y yo entré en el mundo empresarial. En mi opinión, la elección de su carrera y el conjunto de habilidades que desarrolló, podrían considerarse tanto una bendición como una maldición en lo que respecta al periodo de observación y descubrimiento que precedió al diagnóstico de Tyler y durante todo el proceso.

Durante la época posterior a la Universidad de Bradley, seguimos en contacto, compartiendo las transiciones de la vida. Matrimonio, embarazo, cambios de trabajo, crianza de los hijos y divorcio, lo hemos vivido juntas. Según ella, yo poseía dotes de organización y una tenacidad social asombrosas, yo sola me encargué de coordinar su boda. Este evento fue uno de los más importantes de mi vida. Dirigí un barco hermético, manteniendo a todos y todo a raya. Utilicé el humor y el sarcasmo para hacer que su día fuera mucho más especial. Estos mismos rasgos resurgirían a lo largo de mi vida, y fueron especialmente útiles como estrategia de afrontamiento y autocuidado.

Después del nacimiento de su segunda hija, Taylor, Sara me pidió que fuera la madrina de su niña y yo acepté orgullosamente. Hoy en día, es uno de los mayores honores que he recibido. Después de un año y, tras el nacimiento de Tyler, le devolví el honor y ella se convirtió en su madrina. Los títulos y los papeles se pegaron fuertemente como cinta adhesiva, ya que tanto Tyler como Taylor siguen refiriéndose y dirigiéndose a cada una de nosotras como "Madrina".

A lo largo de los años, hemos compartido innumerables risas, lágrimas, miedos, alegrías y preocupaciones. Una de las muchas cosas que permanecieron constantes fue nuestra fe y el amor mutuo por nuestros hijos. Muchas veces, nuestras conversaciones empezaban o acababan con: "Amiga, reza por mí". Aunque esas palabras vinieran acompañadas de una carcajada, ninguna de las dos se tomó a la ligera tal petición. Nuestras familias se apoyaban mutuamente, y al menos una vez al mes, si no más, pasábamos juntos el fin de semana, las vacaciones y ocasiones especiales. Nuestros hijos añoraban estas invitaciones casi tanto como nosotras. Eran unas minivacaciones. Frecuentemente, los viajes duraban todo el día o se prolongaban hasta la tarde o la noche. Había mucho que hacer durante esas excursiones:

se hicieron más fuertes los lazos de amistad entre nuestros maridos, mientras disfrutamos de risas, comida, música, y tiempo para jugar y conocer a Tyler. Escapábamos de la rutina típica de la vida y de sus tensiones y nos tomábamos tiempo para relajarnos. Lo más importante, ahora que lo pienso, fue un momento increíblemente necesario para mí. Sara no sabía que mi marido tenía múltiples adicciones y que yo sufría las consecuencias de sus problemas. Ella estaba allí para la conexión entre mamás, hermanas y amigas en todo su esplendor. Nos reíamos de nuestros chistes privados, nos desahogábamos y nos compadecíamos de la vida.

Muchas veces, Sara y yo podíamos hacer excusas como "ahora volvemos" que se convertían en pequeñas salidas de compras y que inevitablemente incluían una parada en Portillo's, un restaurante que se transformó en un favorito de la alimentación básico en la dieta de Tyler.

Fue durante de una de nuestras visitas familiares cuando mi amiga expresó lo que parecía ser una idea pasajera: "Tyler es muy callado". Como patóloga del habla y el lenguaje, ella conocía intuitivamente las normas de desarrollo y los periodos de crecimiento típicos y atípicos. Mi hijo debería haber vivido una temporada de emitir muchos sonidos y comenzar a producir palabras individuales. Sin embargo, fue la ausencia de sonidos en general lo que la hizo cuestionarse. Fue poco después de ese pensamiento, durante una fiesta de cumpleaños de su hijo mayor, Matthew, cuando las cosas se volvieron... bueno, digamos que fue una celebración y una revelación.

El mismo consejo que había dado a los padres a lo largo de los años era ahora una conversación que le costaría tener conmigo, su querida amiga, una conversación que debía tener.

Capítulo 8

SIENDO LA MADRINA DE TYLER

"Marietta, el trastorno del espectro autista es un trastorno del neurodesarrollo caracterizado por dificultades en las habilidades sociales, comportamientos repetitivos y restrictivos, comunicación verbal y no verbal, así como por fortalezas y diferencias únicas", me lo explicó o recordó Sara en numerosas ocasiones. "El autismo no discrimina por motivos de etnia, raza, religión, sexo, nivel socioeconómico o región geográfica". Por mucho que apreciara los datos científicos, luché con esta visión tan estricta. Sé que me quería y que quería a Tyler, pero su incapacidad para quitarse el papel médico se convirtió con el tiempo en una fuente de frustración para mí.

Cuando Tyler y yo llegamos a la fiesta, tras un viaje en coche algo largo desde la casa, muchos de los invitados ya habían llegado. Fue una reunión relativamente pequeña, con familiares directos y algunos amigos. No fue nada fuera de lo normal, sin embargo, tras el típico intercambio de abrazos y saludos verbales, Tyler se fue alterando cada vez más, o como Sara lo llamaba "desregulando". Él empezó a gritar y a llorar incontrolablemente. No recuerdo que nadie reaccionara de forma exagerada ante este comportamiento, pero recuerdo mis sentimientos. Una mezcla de pánico, incomodidad y vergüenza. Justo cuando sentí que las cejas se me clavaban en medio de la frente, los latidos de mi corazón adquirieron un ritmo caótico. Rápidamente lo cogí en brazos mientras murmuraba algo parecido a "Tenemos que subir".

Después de subir las escaleras rápidamente, Tyler y yo entramos en un dormitorio y cerramos la puerta. La secuencia real de los eventos que siguieron está un poco borrosa, pero recuerdo haber intentado una vez más unirme a la fiesta antes de anunciar que teníamos que irnos. Más tarde, esa misma noche, hablé con Sara sobre la reacción de Tyler. Eso abrió la puerta a una conversación sobre la posibilidad de llevar a Tyler a una evaluación integral del desarrollo.

Más tarde Sara compartió esta reflexión: "Como madre de dos hijos, quienes ahora son jóvenes adultos, y después de experimentar sus propios momentos de "despertar" durante el tiempo de crianza, creo que como madres sabemos en nuestros corazones cuando algo no está bien con nuestros hijos y cuando algo requiere nuestra atención especial. Afrontarlo o abordarlo no siempre es algo con lo que nos sentimos cómodas o podamos resolverlo de inmediato, y en algunos casos no podemos hacer nada. Dios dota a las mamás con ese agudo sentido de la percepción y con mecanismos de protección que a veces nos despiertan a la mitad de la noche, a veces nos mantienen despiertas toda la noche y a veces, al menos durante un tiempo, nos inmovilizan. También he llegado a creer que, si seguimos rezando, confiando y creyendo en Dios, buscándole y permaneciendo abiertas a su guía, Él nos mostrará lo que tenemos que hacer. No sólo eso, sino que nos llevará a quién, dónde y cómo hacerlo".

Esto me lleva a uno de sus versículos favoritos de la Biblia, que guardo en mi corazón:

"La fe es la certeza de lo que se espera, la convicción de lo que no se ve" (Hebreos 11:1).

Tras nuestra conversación, no tardé en programar una cita para la evaluación de Tyler.

Antes de que a Tyler le diagnosticaran TEA, mi amiga afirmó que había tenido la suerte no sólo de conocer, sino también de participar en una filosofía de tratamiento basada en pruebas que, desde hace años, la han fortalecido a ella y a otras familias que tienen hijos con trastornos del habla, el lenguaje y la comunicación, llamada Intervención basada en el desarrollo, individual y relacional (DIR, por sus siglas en inglés). El modelo DIR es un marco que ayuda a médicos, padres y educadores a realizar evaluaciones exhaustivas con el fin de desarrollar programas educativos y/o de intervención adaptados a los retos y fortalezas únicas de cada niño. Lo menciono aquí porque el programa fue pertinente y eficaz para Tyler. El DIR permitió el debate, la exploración y la comprensión de los retos y necesidades sensoriales que Tyler presentaba -restricciones dietéticas autoimpuestas, necesidades y retos lingüísticos y de comunicación social-, así como el cuidado y el bienestar de la familia. Mi hijo recibió su evaluación integral, (hoy en día se denomina como diagnostico medico a los niños de hasta tres años) en la Clínica Familiar de la Universidad de Illinois en Chicago. El equipo estaba dirigido por un pediatra del desarrollo muy conocido y respetado en este campo. Entre los miembros del grupo de evaluación había un trabajador social, un psicólogo y un patólogo del habla y el lenguaje.

Aunque Sara era miembro de ese equipo de diagnóstico, se retiró de la evaluación de Tyler por razones obvias. Sin embargo, fue entrevistada en relación con sus observaciones sobre Tyler y su desarrollo. Se mantuvo neutral, emocionalmente distante y objetiva. Había abordado la evaluación en calidad de patóloga profesional del habla y el lenguaje, aunque no pudo ignorar el trasfondo emocional.

El día de la evaluación, Tyler, mi marido y yo llegamos a la clínica. Todos sentimos una gran ansiedad, incluyendo a Sara. Llegamos bien preparados con snacks y diversas provisiones. Según ella, el día de la evaluación fue relativamente "benigno". En otras palabras, no hubo incidentes. Así es como se sentía ella, sin embargo, no era como me sentía yo. Tras la reunión del equipo de diagnóstico, se realizó la junta interna en la que se dieron los resultados de las pruebas, las opiniones de los profesionales y las recomendaciones para los siguientes pasos. Sara fue invitada como miembro del equipo y recibió la noticia del diagnóstico de mi niño. Luego, mi amiga expresó toda la gama de emociones que sintió con la noticia: una mezcla de tristeza, esperanza y entusiasmo. Tristeza porque comprendía el duro y solitario camino que tendría que recorrer Tyler; esperanza porque sabía que yo haría todo lo posible para que mi hijo saliera adelante; y entusiasmo ante las nuevas perspectivas de tratamiento. Sara asistió a la sesión de feedback como miembro de la familia. Todos estábamos preocupados por cómo se percibiría el diagnóstico. La investigación nos dio esperanza sobre los resultados positivos de la evaluación y la intervención temprana. El siguiente paso consistió en desempacar la mencionada perspectiva de bendición y maldición.

Como patóloga del habla y el lenguaje con amplia experiencia en el campo y conocimientos específicos en el diagnóstico y tratamiento de niños con discapacidades del desarrollo, incluido el TEA, Sara tenía grandes esperanzas puestas en el futuro de Tyler. Muchas veces, ella se sentaba al otro lado de la mesa, dando la información, escuchando las preocupaciones de los padres e intentando ayudar a las familias a procesar el nuevo territorio que tenían que recorrer y, con suerte, seguir adelante. Luego se sentó, escuchó y observó desde la perspectiva de la madrina, la persona quien será la cuidadora y guía de mi hijo en caso de que yo falte.

Tener amplios conocimientos desde el punto de vista profesional podría haberse considerado como una maldición. Los expertos rara vez mencionan el lado bueno de una enfermedad; me imagino que para no ilusionar a los afectados o sus familias. Sin embargo, contando con las recomendaciones de líderes experimentados en el campo, teniendo una madrina y hermana-amiga quien era patóloga del habla y el lenguaje bien informada en tratamientos recientemente descubiertos, con una perspectiva holística impresionante para los niños que viven con autismo y sus familias, me sentí esperanzada e inspirada. La información más la fe nos pusieron en una posición ventajosa para el éxito de Tyler.

Desde una perspectiva de fe, creo que Dios nos coloca estratégicamente donde necesitamos estar en el momento preciso, equipándonos con las herramientas exactas que necesitamos. No pasó mucho tiempo hasta que mi amiga experimentó lo que parecía "la calma antes de la tormenta".

Tras la información comunicada durante la sesión de feedback familiar, la sala donde estábamos permaneció en silencio. No estoy segura de cuánto tiempo duro este momento, pero no pude soportarlo. Las lágrimas que luché por contener cayeron sin parar.

Respira, Marietta. Respira. Yo no estaba segura de qué dirección debía tomar este diagnóstico, pero sabía que no podía hacer nada mientras tuviera alguna crisis. Sara estaba allí para recordarme que era una gran madre para Tyler y que estaríamos bien. Recogí las piezas de mi sueño y puse manos a la obra, haciendo preguntas y tomando notas. No había tiempo que perder para poner en marcha lo que teníamos que hacer. Me puse en modo "haz las cosas velozmente", tomé las recomendaciones con calma y, sin ayuda de nadie, planifiqué allí mismo cómo ponerlas en práctica esa misma tarde. Organizar calendarios, establecer contactos y crear oportunidades de éxito son mi especialidad, así que, sorprendiendo a Sara, me encargué de esa parte. Obtener la información necesaria, elaborar estrategias y ejecutar el plan fue la parte más normal y cómoda de mi vida.

Salimos de la clínica ese mismo día y hablé con Sara por la tarde. Platicamos sobre las opciones de intervención temprana, incluido el DIR, y le conté un poco sobre la reacción de mi marido durante el camino a casa. Conversamos periódicamente durante los días siguientes mientras hacíamos planes para el viaje de Tyler con el autismo.

Un día llamé a Sara mientras ella arreglaba su casa. Me contó que estaba limpiando el espejo del baño y nos reímos de algún evento que ya no recuerdo mientras estoy escribiendo estas memorias. Sin embargo, la conversación dio un giro cuando recapitulé una plática que tuve con mi esposo. Mi querida amiga no estaba preparada para lo que vino a continuación.

Le conté sobre mi lucha y problemas, negando el diagnóstico de Tyler. Continué con la indagación, expresando dudas sobre si ella era patóloga del habla y el lenguaje, y por qué no se había dado cuenta antes de lo que le pasaba a nuestro hijo. Más tarde, Sara describió su reacción, lo que yo consideré "su momento en el espejo": se quedó paralizada mirando fijamente su reflejo, sintiendo un poco aquello de la bendición/maldición, y dudando de sus capacidades profesionales. El enojo, la culpa y la vergüenza pesaban en su corazón. Se dio cuenta de lo que pasaba con Tyler, pero quiso ser prudente; nadie quiere un diagnóstico no solicitado, aunque tu amiga tenga títulos y cartas detrás de su nombre. Quería a su ahijado como si fuera suyo. Quizá debería haber dicho algo antes. ¿Tal vez su observación nos habría ahorrado más angustia o confusión? Probablemente no. Lo ocurrido ha quedado atrás. Me sentí fatal por haber mencionado esto a mi amiga.

En general, la ayuda de Sara fue un gran recurso para el DIR y para su incorporación con la supervisión reflexiva profesional; ésta era una parte integral de la práctica de la terapia. La supervisión reflexiva consiste en dejar que el paciente haga preguntas mientras el terapeuta le ayuda a responderlas. Yo busqué orientación para poder procesar toda la experiencia desde un punto de vista tanto profesional como personal. Desde la sospecha hasta el diagnóstico y la planificación, fue un recorrido agotador. Durante el mismo, mi amiga nos aconsejó sobre las etapas del duelo que experimentan los enfermos terminales y sus familias antes de la muerte o la pérdida de un ser querido. Estas mismas etapas pueden darse con frecuencia, cuando una familia recibe un nuevo diagnóstico, como el autismo en un niño pequeño. Lo cierto es que lloré por todos los sueños y anhelos que tenía para mi hijo.

Conmoción, negación, negociación, culpa, ira, depresión y aceptación: éstas son las siete etapas del duelo. Durante la terapia me informaron que estas etapas no suceden necesariamente en el orden indicado. Las familias son únicas en cuanto a la manera y el tiempo que tardan en pasar por cada etapa. Sara también fue informada de que tenía que pasar por el duelo como un miembro más de nuestra familia.

Sara hizo lo que nos servía a mí y a Tyler. Yo me he remitido a mi fe y he permanecido en oración. La información y el tiempo dedicado a la reflexión fueron humildes, reveladores, reconfortantes, tuvieron sentido y fueron aplicables a esta experiencia y a muchas más desde entonces.

Los días, meses y años transcurridos entre el diagnóstico de Tyler y el presente han estado llenos de recorridos por valles y cimas de montañas para mí y mi precioso hijo. Han ocurrido muchos eventos, se han hecho preguntas, se han dado consejos y se han solicitado recursos. Se ofrecieron opiniones, se compartieron risas y se derramaron lágrimas en relación con Tyler y su crecimiento, así como el de ella misma.

Frecuentemente ella expresó que era un placer observarme, y cómo admira mi tenacidad, determinación y fe en la acción. Aunque no está de acuerdo conmigo, me tiene paciencia. A lo largo de los años, di las gracias periódicamente a mi querida amiga y le expresé mi gratitud por ser una parte habitual e integral de la vida de Tyler. En un momento dado, pensé que se sentía incómoda con esta expresión porque ella es un espíritu humilde y nunca vio lo que hacía como un acto de gran sacrificio. Sin embargo, Dios sabe que todo lo que hizo iba más allá de los límites de la amistad.

Como padres, es importante – más bien crucial- que preparemos a nuestros hijos para que, cuando vean diferencias, sean respetuosos, amables, respondan con cortesía y expresen empatía. Deben aprender a tratar a los demás como ellos quieren ser tratados, independientemente de la raza, la etnia, la clase socioeconómica, la religión o las diferencias y retos emocionales, sociales e intelectuales. Lo hacemos siendo un ejemplo del tipo de conducta que deseamos ver en nuestro entorno. Eso me llevó a reflexionar sobre esta vieja frase de los padres: "Haz lo que yo digo. No como yo lo hago". He adaptado esta expresión a "Haz lo que yo hago, no sólo lo que yo digo". Modelar este último comportamiento es algo natural para mí.

Sara muchas veces compartió que incluso sus propios hijos, en su experiencia juvenil, han sido culpables de reírse y quizás de lanzar miradas incómodas cuando se encontraban con una persona con necesidades especiales y la forma en que reaccionaban o respondían al ambiente que les rodeaba. Sin embargo, "conocer mejor, es hacer mejor". Para los papás, estos son los momentos óptimos para enseñar, se podía decir que el momento clave, para preparar y esperar el crecimiento de nuestros hijos.

Mi ahijada, Taylor, de vez en cuando hacía preguntas sobre Tyler, como por qué comía siempre lo mismo o por qué no hablaba. Sara explicaba casualmente las dudas y contestaba a las preguntas, compartiendo información en los momentos en que observaba las expresiones confusas en la cara de su hija. Aunque el mundo puede hacer distinciones, y algunos incluso discriminar, en función de quienes son etiquetados como "atípicos" o "neurotípicos", mi amiga ha expresado lo bendecida que se sentía de que sus hijos disfrutaran la compañía de Tyler. Para ellos, era como de la familia. Siempre han sentido un amor genuino por él.

Hoy en día, Tyler ha crecido y se ha convertido en un joven respetuoso, cortés, guapo y con una ética de trabajo que se debe tener en cuenta. Él es el fruto de unos padres con mucha fe que se sacrificaron, se informaron y abogaron por su hijo. En mi viaje como madre de un niño diagnosticado con TEA, Sara es la primera en decirle a cualquiera lo dedicada y bien enterada que estoy sobre el trastorno del espectro autista. Al fin y al cabo, ella vio cómo se desarrollaba esta parte de mi vida desde el principio. Nunca esperó menos de mí, ya que me sentía motivada a promover y explicar esta condición, y a proporcionar las mejores experiencias educativas, sociales y personales posibles, no sólo para Tyler sino también para otras familias. Yo era un testimonio de que los padres de niños con autismo pueden tener éxito. Ella dice que soy como el conejito de Energizer: sigo y sigo dando.

Recientemente, pague las bendiciones a otros, involucrándome en una serie de emprendimientos, compartiendo parte de mi tiempo, talentos y recursos dentro de la comunidad de fe de Sara, y trabajando con los niños que tenían necesidades especiales.

Uno podría leer esto y pensar lo bendecidos que realmente somos Tyler y yo. La verdad es que siempre lo hemos sido.

"La fe por sí misma, si no tiene obras, está muerta". (Santiago 2:17 NRSV) Tyler esta donde la fe y el trabajo juntos sobresalieron.

Capítulo 9

SIENDO LA ABUELITA DE TYLER

A veces lo único que se tiene es a mamá. La que te parió y la que te conoce mejor que tú mismo. ¿Cómo puede ella encontrar una salida en donde no hay salida?

Mi madre conoció por primera vez a su nieto en mi casa. Este es su relato.

Lo que vi cuando conocí a mi nieto fue un precioso bebé de ojos grandes y bonitos, largas pestañas y una cabeza llena de rizos oscuros. Estaba muy orgullosa de que mi hija menor hubiera sido madre de este adorable niño. Yo vivía en Iowa y quería que Tyler conociera a su abuelita y a su abuelito, aunque estuviéramos a trescientas treinta y tres millas de distancia. Pasé mucho tiempo yendo y viniendo en coche a Chicago para que mi nieto supiera quién era y se acordara de mi voz. Desarrollamos un hermoso vínculo. Le cantaba en la mecedora de su habitación. No sabía llevar una melodía, pero logre cantar "Rock-a-Bye Baby". Tyler parecía reconocerme cuando le arrullaba, siempre con la misma canción. Si estaba un poco inquieto y lloraba, lo llevaba a la mecedora y le cantaba. Siempre funcionaba. Su madre diría que él pensaba que era su mamá.

Tyler fue diagnosticado alrededor de los 2 años. No sabía qué esperar.

Estaba en un evento en Des Moines y compartí la noticia con mi amiga Sally. Estábamos en el mismo Breakfast Club y ella nos contó que su hijo era autista. Hasta entonces no había prestado mucha atención a los minuciosos detalles que nos compartía sobre Ronnie. Dos días después, recibí por correo un libro titulado "El Autismo Habla" como un regalo de Sally. Leí el libro de principio a fin y seguía sin saber cómo afectaría este diagnóstico a mi Tyler. Era consciente que era el momento de hablar con Dios para que me ayudara a entender cómo interpretar el texto que estaba leyendo. Me preguntaba qué se podía hacer por él. No podía comprender por lo que estaba pasando mi hija.

Ella se enfrentó a este diagnóstico decidida a aprender lo más posible sobre este trastorno. Era persistente en su necesidad de encontrar todo lo que se podía hacer para ayudar a su primogénito. No aceptaba comentarios negativos ni ninguna forma de desaliento. Sé que Dios estuvo con ella en cada paso del viaje, que pude ver que fue desafiante y exhaustivo. Por lo que observé, nunca le pasó por la cabeza la idea de rendirse.

Cuando se reunió con los profesionales, tuve el privilegio de estar con ella en algunas de sus citas. El psicólogo, el pediatra del desarrollo, el patólogo del habla y el lenguaje y el asesor de aprendizaje fueron algunos de los expertos con los que hablamos. Parecían sorprendidos tanto por lo que sabía sobre el autismo como por su trabajo. Señor, no sé cómo ella se mantenía tan concentrada.

Me senté en silencio admirando a mi hija y cómo esta madre no se daba por vencida y no permitía que el equipo con el que trabajaba lo hiciera. Frecuentemente le decía que Tyler era un regalo de Dios y que Dios da niños especiales a padres especiales. De hecho, le regalé un hermoso poema sobre niños y padres especiales que hice enmarcar y que todavía está colgado en la pared de su despacho. Leí libros en los que algunos niños autistas no hacían contacto visual, pero Tyler siempre lo hacía a medida que crecía. Sonreía y reía y le encantaba que le abrazaran.

Hablando de un tema más ligero, Tyler usaba una grabadora desde que tenía dos años. Tenía sus cintas que le gustaba escuchar y las reproducía él solo. Recuerdo que mi hija me dijo que Tyler caminaba por la casa diciendo cosas que ella no entendía y dijo que sonaban como español, pero que lo dudaba. Entonces, ella revisó sus cintas y vio que él había puesto una en español y aprendió a decir las palabras que aparecían en la grabación. Nos reímos de eso. Le dije que necesitaba que mi nieto me enseñara el idioma.

Hay tantas cosas graciosas y cariñosas que recuerdo de cuando Tyler me visitaba. Estaba tan agradecida de que su madre siempre estuviera dispuesta a dejar que Tyler fuera a Iowa con su abuelita a pasar unos días. Le encantaba viajar en mi coche porque tenía todas sus canciones favoritas: Barney, Elmo, Big Bird, etc., en una cinta. Sonreíamos y reíamos cantando esas canciones todo el camino de vuelta a casa.

Un día decidí llevarlo al zoológico sin saber cómo reaccionaría, así que lo tuve cerca de mí. Cuando vio a las cabras, corrió hacia ellas para acariciarlas y verles la cara. Vaya, ¡qué agradable sorpresa! No tenía miedo de ninguno de los animales, así que pasamos mucho tiempo acariciando a los demás. Se convirtió en un profesional de las caricias. Me hizo mucha gracia ver que algunos de los otros niños tenían miedo de los animales, pero mi Tyler no.

Durante otra visita, mi hermana me acompañó a recogerlo y le dije que no lo cogiera de la mano, que lo dejara venir a ella primero. No fue gran cosa para él, le cogió la mano mientras nos íbamos camino a mi coche. Tyler nunca lloraba cuando su mama lo dejaba con nosotros. Siempre nos deteníamos a mitad de camino hacia Des Moines para darle un descanso de tanto tiempo sentado y para que comiera algo. Teníamos que asegurarnos de no verlo hasta que lo acomodara en la silla alta para bebes y le ponía la comida en la charola. Hablábamos y comíamos y, al final, él empezaba a comer. Le encantaban los filetes de pollo, las patatas fritas y el jugo de naranja. Tyler siempre tenía buen apetito.

Cuando mi hija se mudó con su familia a West Bloomfield, Michigan, ya Tyler era mucho mayor. A veces, cuando le llevaba al colegio, estaba muy orgulloso de presentar a su abuelita a la profesora. Mi nieto siempre ha tenido memoria fotográfica, una vez que va a algún sitio, se acuerda y puede volver allí sin ningún problema. Bueno, este día en particular Tyler y yo queríamos ir a comer a Burger King, así que le pregunté si sabía dónde había uno. "Sí, abuela", respondió, y nos fuimos a buscar el restaurante. Viajamos en el coche unos cuarenta y cinco minutos, y yo empecé a dudar un poco si no estábamos perdidos, pero seguimos hasta que por fin llegamos y el local estaba cerrado por remodelación. Si embargo, encontramos otro sitio para comer en el camino a casa. Cuando se lo conté a mi hija, me dijo: "Madre mía, estaban en Ann Arbor, Michigan". La memoria de Tyler funcionaba tan bien que había recordado un Burger King que vio una vez a kilómetros de su casa. Bueno, ese era mi niño superando su situación una y otra vez.

Con el paso del tiempo, Tyler entró a la preparatoria y le fue muy bien. Le pregunté si tenía novia y me dijo: "La verdad es que no". No profundicé más en el tema, ya que los chicos pueden ser tímidos al respecto. Mi nieto era un gran atleta, popular y apasionado por la informática.

Fui a su graduación de secundaria y estaba muy orgullosa de sus logros. Di gracias a Dios por sus progresos. Tyler estaba muy contento durante la ceremonia, sobre todo cuando le llamaron por su nombre para subir al escenario. Nos vio cuando entró en el auditorio. Le agité un pañuelo blanco para que supiera dónde estábamos sentados.

Después de la ceremonia, sus profesores hablaron muy bien de mi niño. Cada uno comentó cómo se comportaba, cómo se esforzaba por sacar buenas notas y cómo respetaba a sus maestros. Por cierto, Tyler se graduó con honores. No está mal para alguien que los médicos creían que no podía hablar. Son recuerdos maravillosos que siempre me acompañarán. Su madre organizó un gran buffet con deliciosa comida para Tyler, sus amigos, sus padres y los invitados que venían de fuera.

Una vez leí un artículo sobre cómo capacitar a un niño con una condición neurológica para vivir por su cuenta, ya sea para ir a la universidad, conseguir un trabajo y/o su primer departamento. Mi hija había empezado a preparar a Tyler para su siguiente paso en la vida mucho antes de que llegara ese momento. Mi nieto sabía lavar y doblar su ropa y tenderla. Se preparaba el desayuno, la comida y la cena. Mantenía su habitación limpia y en orden en todo momento. Podía limpiar su baño. Siempre ha sido muy meticuloso con la manera de guardar sus cosas. Su armario tenía toda la ropa colgada; mangas cortas, mangas largas, chaquetas y jerséis de una determinada forma. Le dije que viniera a mi casa y ordenara los armarios. Tyler también trabajó medio tiempo en una oficina durante el verano.

Mi niño asistió a la Universidad de Clemson, Clemson LIFE, el Colegio con Programa de Educación. Volvió a terminar todas sus materias con mención honorífica. Incluso tomó clases del programa regular como cálculo, en las que le fue muy bien.

Vi a mi nieto convertirse de adolescente a un hombre. Me llené de emoción en la ceremonia de graduación cuando vi en el programa que él era uno de los oradores. Todo llego de golpe. Su madre pasaba tiempo en innumerables conferencias, sesiones de padres y profesores y eventos escolares, lo que no era fácil mientras ocupaba un puesto como la mujer de color de más alto rango en Microsoft. Tyler maduró y se comportó como un caballero en todo momento. Era más de lo que podía guardar dentro de mí; lloré de alegría. Le extraño ahora que ha crecido y es independiente, pero sé que Dios lo cuida. Eso me consuela.

Tomamos tantas fotos que podrían haber llenado una galería fotográfica. Tyler lo absorbió todo con una gran sonrisa.

Mi niño vive por su cuenta, trabaja tiempo completo, tiene su propio apartamento que comparte con sus amigos y disfruta de la vida. Es un joven muy responsable. Cuando pienso en los últimos 20 años, todavía me emociono. Mi hija, sus profesores, orientadores, familia y la abuelita nunca se rindieron con Tyler.

Me acuerdo de mi frase favorita: *Querido Señor, gracias por tenerme a mí y a mi familia cerca de tu corazón hoy y siempre.*

Capítulo 10

TYLER, EL GRADUADO UNIVERSITARIO Y MÁS ALLÁ

Hay un momento en que sabes que se acabara un capítulo y empezara otro nuevo. Había perdido a mi hermana debido a la sepsis y mi matrimonio estaba más que terminado. El trauma de estos eventos hacía difícil alegrarse por Tyler y todos sus logros cuando él merecía ser celebrado. ¿Cómo iba a reunir el valor necesario para superar todos los años de adicción, abandono emocional y disfunción que me habían destruido? Saltar del Poseidón era la única manera. Para una rápida referencia histórica, el USS Poseidón era un submarino de clase Parthian de la Marina Real. Fue lanzado en 1929 y se hundió en 1931. Esa parte de mi vida no se trataba sobre saltar de un sartén al fuego, sino de abandonar un barco que se estaba hundiendo y nadar hasta la superficie en búsqueda de aire.

Era muy importante para mí tener a alguien quien cuidara de Tyler.

Como la hermana menor de una hermana con necesidades especiales, siempre la protegí. Quería lo mismo para mi hijo.

En 1998, mi segundo hijo, Connor, nació prematuro. Pesaba un kilo y medio y tenía diversos problemas, agravados por una infección urinaria. Esto terminó afectando a su audición, y con el tiempo se le diagnosticaron problemas de aprendizaje y neuropatía auditiva, un tipo raro de pérdida de la habilidad de escuchar causada por la interrupción de los impulsos nerviosos que viajan del oído interno al cerebro. Su causa es desconocida y, en el momento de escribir este libro, aun no existe ninguna cura. Sé que otros padres en esas circunstancias se habrían arrancado la ropa, devastados por el dolor, la culpa y la negación, así como enfadados con los médicos por no tener mejores respuestas. Pero la vida con Tyler me enseñó a saber más y a hacerlo mejor. Simplemente recé, pedí a Dios que salvara a mi bebé y me prometí a mí misma que siempre estaría ahí, sin importar sus retos. Ahora, doy gracias a Dios todos los días por haber salvado a mi hijo a pesar de sus diversos problemas. Tyler es un gran hermano mayor; siempre apoyó a Connor y se aseguró de que estuviera a salvo. Estoy consciente de que nunca conocemos lo que tenemos enfrente de nosotros o por qué lo tenemos, lo único que sabemos es que debemos aguantar los golpes. En algún momento, lo más probable es que escriba un libro sobre Connor, los retos que tuvo que afrontar y la discriminación que sufre la comunidad sorda. Es suficiente decir que no me rendí y seguí adelante basándome en la experiencia con mi hijo mayor.

"Él deja a los 99 para ir tras esa única oveja". Lucas 15 :4-7

Cuando a lo largo de los años veía a los hijos de mis amigos crecer e ir a la universidad o empezar su educación superior, siempre mantuve mi granito de esperanza. Quizá algún día Tyler pudiera tener una experiencia similar. Ahorré dinero en un fondo privado para la universidad, a pesar de lo insensato que pudiera parecer a los demás. Seguía teniendo sueños para mi hijo. Cada reto que superaba en la escuela, cada actividad deportiva que dominaba hacía que mi visión de él fuera mucho más clara. Todas las cosas que experimentaban los niños y jóvenes "típicos", Tyler también las hacía. Su padre le enseñó a ser atlético: a montar en bicicleta, a hacer una clavada en básquet y a dominar sus juegos favoritos de Xbox. Mi hijo tenía talento para el baloncesto, el béisbol y la natación. Mi marido merece un gran reconocimiento por ser un entrenador excepcional. Sin embargo, mi puesto en Microsoft hizo que perfeccionar esas habilidades de juego fuera mucho más fáciles.

Tyler era un estudiante excepcional y logró hacer tantas cosas que parecían imposibles cuando pienso atrás en el día en que lo diagnosticaron. Su sentido del humor, hacer preguntas sobre las niñas, ir al baile de graduación y ser un éxito en el evento de "sock hop" en su escuela porque era un excelente bailarín. Estos fueron los momentos que me permitieron mantener un rayo de esperanza.

Tyler asistió a Centennial Preparatoria de Alpharetta en Georgia, donde al entrar al campus se había considerado a sí mismo el Príncipe de Bel-Air, uno de sus personajes favoritos de la televisión. Le llamaban cariñosamente "FP". Mi hijo es un joven guapo y educado quien vive con autismo, algo que sólo se puede apreciar si eres padre de un niño autista o has investigado mucho sobre esta condición. Entendiendo que este trastorno se manifiesta de tantas maneras, de leve a grave, sé que la trayectoria de Tyler, a pesar de todo el trabajo de los educadores, los médicos y sus padres, fue milagrosa.

A lo largo de los años, mi marido transmitió su amor por el básquetbol a Tyler. Él fue un jugador excelente en la Academia Kenwood de Hyde Park, así que tener un hijo quien medía 1,90 m en la preparatoria era un sueño hecho realidad. Pasaban sus mañanas de sábado en el gimnasio o en el parque infantil de la colonia cerca de la zona donde había practicado el tiro a canasta. Para entonces, una de sus adicciones había remitido y la atención a su hijo se había intensificado. Frecuentemente le decía a Tyler lo bueno que era jugando al básquetbol. Por lo que había leído sobre los niños autistas, se suponía que Tyler no dominaba la coordinación mano-ojo, pero su padre se aseguró de que su niño no sólo aprendiera esa habilidad, sino que la dominara. Me pregunté si sólo estaba intentando revivir sus días de gloria y no era capaz de evaluar realmente la capacidad de su hijo. Sin embargo, Tyler y su amigo Erik eran leyendas en el mundo de las necesidades especiales en Centennial, especialmente en el equipo de básquetbol. Eran los más altos y los dos únicos jugadores de color. Y sin prejuicios, también eran los dos más guapos del equipo.

Un día fui a uno de sus partidos eliminatorios. Usualmente estaba ocupada en mi trabajo, pero Tyler y su papá querían que asistiera, así que busqué algo de tiempo para ir. Su padre se preocupaba por sus habilidades atléticas, mientras que mi atención se centraba en su repertorio académico. Creo que la combinación de la ayuda y la persistencia de sus padres convirtió a Tyler en un brillante ejemplo de lo que puede suceder con amor y fe.

Llegué al estadio de básquetbol y el equipo estaba calentando, vistiendo los uniformes que yo había lavado y preparado tantas veces. Inmediatamente, como una "mamá-aficionada" empecé a saludar y gritar "Vamos, Tyler".

El partido comenzó y me quedé impresionada por el hecho de que estos jóvenes con necesidades especiales lo estaban consiguiendo: ¡podían jugar muy bien! El intercambio fue notable, y se trataba de un partido serio. Me sorprendió especialmente lo bueno que era Erik y cómo él y Tyler se chocaban los puños, comportándose como jugadores de básquetbol de la NBA. Escalofríos recorrieron mi cuerpo como una sacudida de electricidad: esto deben de sentir los padres de niños típicos. No estoy segura de sí fue en la primera parte o en la segunda, pero ocurrió lo siguiente: mientras los jugadores estaban cerca de la canasta del equipo contrario, Erik robo el pase. Tyler ya estaba colocado del otro lado de la cancha. Erik le lanzó el balón, todos los miembros del equipo se dirigieron al extremo opuesto de la cancha y Tyler, mi hijo autista, hizo una clavada con el balón. Casi me desmayé.

Su padre se volvió loco de felicidad. "¡Te dije que podía hacerlo!"

El público gritó y empezó a aplaudir. Tyler y Erik lo celebraron como estrellas de la NBA bailando, haciendo giros con las manos y cosas por el estilo.

Mi niño corrió por la cancha, me miró, guiñó un ojo y me señaló con el dedo. Fue en ese momento cuando exhalé; sabía que mi hijo estaría bien. Diferente, pero bien. Esa noche lloré consciente de que todo por lo que había pasado y todo el dolor que había sentido valía la pena.

A medida que mi hijo se acercaba a la finalización de sus estudios de preparatoria, era evidente para los profesores y para mí que no "superaría la edad". El rango de edad forma parte de la Ley de Educación para Personas con Discapacidades (IDEA), que establece las directrices educativas para niños y adultos jóvenes por ley estatal, según las cuales el distrito escolar deja de ser responsable de la educación y el apoyo a partir de cierta edad. Me alegré de que no fuera el caso de Tyler, pero seguía preocupada por lo que le esperaba en el futuro.

Un evento, un reto, un éxito, un fracaso: todos estos pasos sólo podían darse de uno en uno. Esta vez necesitaba pensar en lo que seguiría. Tyler lo había hecho muy bien en los programas de estudio y trabajo de empresas como Siemens y otras que habían puesto en marcha programas de inclusión, apoyando a personas con necesidades especiales. Me sentí tan orgulloso como cualquier padre, cuando su orientador me dijo: "Tyler puede hacer lo que quiera. En todos los entornos de estudio y trabajo en los que le colocamos, tiene éxito".

Con la orientación y la ayuda del increíble equipo de la Centennial Preparatoria de Alpharetta en Georgia, empezamos a formular un plan. Nos habíamos mudado cuatro veces a nuevas ciudades mientras yo crecía en mi carrera ejecutiva en Microsoft. Antes de cada traslado, investigué qué estados ofrecían los mejores programas para personas con necesidades especiales, empezando por la sociedad local de autismo de mi estado.

Después de una extensa investigación, elegía la nueva ubicación. Una vez que llegué, seleccioné el mejor distrito escolar que tuviera programas avanzados para alumnos con necesidades especiales. Para nosotros, eran programas inclusivos para que Tyler pudiera crecer junto a sus compañeros. Cada niño es diferente y depende de ti investigar y encontrar la mejor opción para tu familia.

Mientras elaborábamos el plan, surgieron programas en algunas universidades de todo el país que apoyaban a los estudiantes "de alto funcionamiento", proporcionándoles una experiencia universitaria que incluía educación y preparación amplia para la vida independiente.

Después de varias revisiones, elegimos la institución que ofrecía la experiencia de vida en el campus más progresista, basada en una educación universitaria de 4 años donde se exigían visitas presenciales y recorridos para la aceptación: La Universidad de Clemson.

El programa Clemson LIFETM es una experiencia universitaria que prepara a hombres y mujeres jóvenes con discapacidad intelectual para el empleo competitivo y la vida independiente a través de una combinación de cursos académicos y exploración de carreras. El programa está diseñado para estudiantes quienes desean una experiencia de vida postsecundaria en un campus universitario. Incorpora habilidades académicas funcionales, de vida independiente, empleo y sociales/ tiempo libre en un entorno universitario público con el objetivo de formar jóvenes adultos autosuficientes.

En el momento de la publicación de este libro, existían programas similares en muchas universidades privadas y públicas. Podría escribir otra historia sobre la época universitaria de mi hijo, y la gran parte de esa aventura giraría en torno al fútbol americano y los Tigres de Clemson. El programa entró en su edad de oro mientras Tyler estudiaba allí, y él tenía entradas para la temporada, disfrutaba de cada partido en casa y adquiría algunas increíbles habilidades para la vida en el camino. Mi hijo vivía en una habitación en el campus con otros tres estudiantes, caminaba o montaba en bicicleta para ir a clases y participaba en la mayoría de las actividades sociales de la universidad.

Recuerdo perfectamente cuando su madrina y su abuelita nos acompañaron a su padre y a mí a la ceremonia de graduación. Mientras paseábamos con Tyler por el campus, era asombroso ver cuántos estudiantes le conocían, decían lo increíble que era y recordaban con cariño haber estado con él en clase. Fue un cambio radical con respecto a los primeros años, antes de que la inclusión fuera algo habitual.

"Guau", dijo mi madre. "Creo que Tyler es un gran hombre en el campus, ¡literalmente!"

Hay algunos momentos importantes en la vida de mi hijo que realmente me han impresionado. Cuando se graduó de la preparatoria, cuando lo dejamos para ir a la universidad; cuando llamó después del en el campus con todos los demás estudiantes divirtiéndose. Cuando Deshaun Watson, el mariscal de campo de Clemson quien llevó a los Tigres al campeonato de 2016 y ahora juega en la NFL, se le acercó mientras Tyler desempacaba las maletas en su dormitorio para ponerse al día con él sobre lo que había hecho en el verano. Cuando compartió conmigo que estaba cantando en el coro de la iglesia y continuando sus estudios bíblicos y su fe mientras estaba en la universidad. Y ese día especial en que se graduó de la universidad y dio su discurso de aceptación y agradecimiento ante un auditorio lleno de gente. El niño que no habló hasta los cinco años estaba dando el discurso de agradecimiento de su graduación. Desfiló con todos los demás graduados de 2017 en la ceremonia que se celebró en todo el campus.

Capítulo 11

MAMÁS ORGULLOSAS

Sara y yo estuvimos presentes y nos sentimos como mamás orgullosas cuando asistimos a la graduación universitaria de Taylor en Hampton en 2016, y la de Tyler en 2017. Ambos tienen su primer empleo formal y, casualmente, viven a kilómetros de distancia de la casa familiar. No hay nada atípico en el amor y la admiración mutua que se tienen, ni en sus trayectorias hacia la edad adulta.

Durante la celebración de la graduación de Tyler, mi amiga asistió a una presentación durante la cual él compartió los detalles de su experiencia esos cuatro años. Se le llenaron los ojos de lágrimas de alegría al recordar al niño que era "tan callado" y que no habló hasta casi los cinco años.

En estos momentos y durante las ceremonias y celebraciones del día siguiente, Sara recordó las conversaciones unidireccionales iniciadas por ella, a las que el respondía brevemente con una sola palabra, se convirtieron en llamadas iniciadas por Tyler, mensajes de texto y comunicaciones recíprocas con una ráfaga de múltiples giros conversacionales y expresiones de humor, y cariño, lo que derrite su corazón y nos da tanta alegría a todos. Al final de cada conversación, escucha a Tyler decir "Te quiero, Madrina". Ella dice: "Hago una pausa y respondo: "Yo también te quiero, Tyler".

Capítulo 12

EL BRILLANTE FUTURO DE TYLER

Recuerdo hacer planes para la graduación de Tyler: la fecha, las personas que sabía que vendrían, los que siempre habían estado allí y siempre estarían. Me preocupaba lo que me pondría y cómo me sentiría. Lo que hizo esto doblemente interesante es que yo había solicitado la separación de su padre en este tiempo. Sabes, en el fondo de mi mente o en el frente, sabía que su graduación era mi momento Iyanla- "Tu trabajo aquí está hecho". Todos los años de abuso emocional, tormento, ridiculización y menosprecio por mis éxitos y fracasos por fin habrían terminado. Al cruzar el escenario, camine hacia la puesta de sol en este capítulo de mi vida sin conocer realmente lo que me esperaba. Fuera lo que fuera, sabía que lo haría y podría ser libre de los años traumáticos de esta relación. Debía tener en cuenta a mi otro hijo con necesidades especiales que requería más, y sería menos apto para entender que la unidad familiar estaría alterada. Había hecho mi canto de cisne, me había jubilado de Microsoft, había viajado más en nueve meses que un político y me había gastado más dinero en zapatos y bolsos que Imelda Marcos. Me merecía este elogio.

Mi madre y la madrina de Tyler volaron aquí, ambas estaban emocionadas y alegres. Esta ocasión trascendental era la culminación de nuestra labor de amor. Toda la energía y las emociones concentradas en una sola. Cuando Sara llegó, nos abrazamos y lloramos durante lo que pareció una eternidad. Hacía tiempo que no nos veíamos y nuestro abrazo decía mucho más. Era el triunfo no mencionado que ambos sentíamos. Todas las sugerencias que me había dado, todas las tarjetas de intercambio de fotos que creaba para mí después de una larga jornada de trabajo, sin importarle los cambios que se producían en su vida. Todas las llamadas telefónicas durante las cuales me rompí a llorar, y sus palabras de aliento cuando me decía: "M, podemos hacerlo. Aguanta. Sigue agarrándote de la mano de Dios y de la mía, te tenemos". Nunca podré expresar lo que su fuerza significó para mí.

En el momento en que mi mamá llegó y nos miramos a los ojos, no había palabras ni lágrimas que pudieran expresar nuestro viaje. El amor de una madre que vio a su hija soportar lo inimaginable, lo indecible, en su matrimonio, y a veces en su trabajo, y aun así ella encontró la fuerza para ser la mejor mamá que podía ser en tantos lugares oscuros. Cuando nos pusimos en camino a la mañana siguiente hacia Clemson, estaba claro: "Hicimos lo que teníamos que hacer".

El papá de Tyler conducía mientras todos nos relajábamos en el camino. Conocíamos el campus y sabíamos dónde vivía Tyler. Él ya nos había avisado que acudiéramos a Tilman Hall a su presentación previa a la graduación sobre sus próximos pasos en la vida. Caminando por el campus, sentí nostalgia al recordar lo emocionada que estaba de poder vivir lo que todos los demás padres sentían al dejar a sus hijos en la universidad. Tuve la suerte de poder recordar estos cuatro años. En el Campeonato Nacional en Tampa en 2017 fuimos testigos de una carrera que parece hasta el día de hoy nunca parar los logros atléticos. Su amistad con Dabo Sweeney y Deshaun Watson mientras se comprometían con la inclusión, un sentimiento que no se puede comparar.

Al entrar en Tilman Hall, Tyler nos recibió en pantalones cortos y chanclas, con aspecto seguro y relajado, mostrando su autoconfianza de alumno quien va a graduarse.

"¿Qué tal?", dijo mientras nos abrazaba. Le tuve en mis brazos tanto tiempo como en el día en el que lo dejamos en la escuela, tal vez fueron 20 minutos. Fue la primera vez que vi a Tyler hacer una presentación con PowerPoint y ejecutar las diapositivas. Lo había logrado y tenía claro su elección de carrera. ¡Mi niño! No pensé que pudiera estar más orgullosa de él hasta el día siguiente, cuando dio su discurso de graduación. Me di cuenta de que esto es de lo que están hechos los sueños. Su abuela lloró, también lo hizo su padre. Yo, en cambio, no derramé lágrimas. Me sentí contenta mientras le animaba. "¡Vamos, T Money! ¡Vamos, niño!"

Esto fue y es el mejor momento de mi vida, su nacimiento sería el segundo, por supuesto. Volví a la universidad una semana después para asistir a su graduación en el gran estadio, y creo que esta ceremonia fue la experiencia más hermosa para él. Los compañeros de clase hicieron el grito de alegría en el Little John Coliseum cuando su nombre fue llamado. Tyler tuvo el honor de dar la mano al presidente de la Universidad de Clemson, John Clements. Llegó vestido para matar. Era el final de una temporada, y no podía haber sido mejor.

Ahora Tyler es un miembro activo de la comunidad de Clemson/ Greenville, con un trabajo increíble y un futuro que yo sólo podía haber imaginar para él.

Mi viaje continúa. Esto es mi historia: una historia de esperanza, fe y perseverancia que espero sirva de inspiración a otras madres para que nunca se rindan. Como en cualquier final feliz, la vida no sería vida sin al menos un giro, ¿verdad? Sinceramente, puedo decir que todas las curvas que se nos presentaron en el camino nos hicieron la vida más interesante de muchas maneras increíbles.

"El Señor está cerca de los que tienen el corazón roto, rescata a aquellos cuyo espíritu está abatido". -Salmos 34:18.

¿Recuerdas lo que escribí al principio del libro sobre la fe, la esperanza y el amor? Si todavía estás aquí al final de la lectura de esta historia, supongo que eres padre, familiar o amigo de un niño con necesidades especiales. Son realmente hermosos, ¿verdad? A veces sus vidas pueden ser dolorosas y difíciles, pero ¿no pasa lo mismo con todos los niños? ¿No hace eso que las sonrisas genuinas, las risas, los abrazos y los "te quiero" sean aún más dulces cuando llegan? Si eres un papá o mamá quien has observado las diferencias o has recibido la noticia de que tu hijo ha sido diagnosticado con TEA o cualquier otra condición que va a tener un profundo efecto en sus vidas, te animo a que tomes al toro por los cuernos y empieces a aprender lo más que puedas. Haz todas las preguntas que se te ocurran. Aboga por tu hijo con la pasión y el propósito para los que Dios te creó. Nunca sabrás lo increíble que puedes llegar a ser hasta que alguien cuenta contigo para ayudarle a atravesar este mundo de locos, pero no intentes hacerlo solo. Rodéate de personas quien crean en ti y puedan apoyarte en el camino, porque habrá momentos en los que necesitaras una mano que te sostenga o un hombro para llorar. Tendrán brazos que te envolverán y te darán la seguridad de que estás haciendo lo correcto.

En resumen, tú y tu sistema de apoyo deben estar llenos de esperanza, amor y fe para lograrlo. El viaje puede ser largo, pero las cosas que experimentas por el camino y esa hermosa visión de tu hijo convirtiéndose en lo que estaba destinado a ser merecen cada paso que das.

Nunca sabemos lo que nos depara la vida. Eso depende de Dios. Ten fe y lucha por tu hijo.

"Jesús los miró y dijo: "Para el hombre esto es imposible, pero para Dios todo es posible". -Mateo 19:26

Sobre el autor

Marietta Colston-Davis es madre, profesional, líder inspiradora y creyente de lo imposible. Es una experimentada profesional de las ventas con una amplia carrera en el sector tecnológico. Ha ocupado puestos críticos en IBM, Lotus Development, Ameritech, Tata Consulting y, más recientemente, el de vicepresidenta de U.S. Dynamics en Microsoft Corporation. Marietta fue responsable de dirigir a más de 400 expertos en ventas, marketing y técnicos al servicio de los clientes empresariales de Microsoft con las soluciones Dynamics ERP y CRM. Durante su estancia en Microsoft, Marietta gestionó y desarrolló con éxito varios negocios en Microsoft hasta alcanzar retos de crecimiento de 1.000 millones de dólares y de tres dígitos. Su variada trayectoria se extiende a la tutoría de líderes fuertes en puestos clave y al asesoramiento en incubación e inicio de pequeñas empresas. Actualmente forma parte del Consejo Nacional de Youth Villages, una organización privada sin ánimo de lucro dedicada a ayudar a niños con problemas emocionales y de conducta y a sus familias. La organización ayuda cada año a más de 23.000 jóvenes y familias de más de 20 estados y Washington, D.C. Graduada por la Universidad de Bradley, también cursó un MBA en la Universidad de Loyola, así como clases avanzadas de liderazgo ejecutivo en la Universidad de Harvard. Fue elegida al Salón de la Fama "Game Changer" del Spelman College por su trabajo en 2015. Además, ha sido una conferenciante muy solicitada en el Morehouse College, Georgia Tech y Mujeres en Tecnología.

www.mariettasmusings.com

Also available in English

Growing up in Urbandale, Iowa, Marietta Colston was no stranger to being different. As the only Black student from preschool to graduation, she understood what it meant to be on the outside of acceptable norms. Educated and loving parents could have never prepared her for the challenges that her unique existence would unfold.

Determined to create the perfect life for herself, Marietta lived the American dream as she climbed her way to be one of the top executives of Microsoft. That is until the day her son, Tyler was born-ten fingers, ten toes, and "different". What was later diagnosed as Autism Spectrum Disorder, Marietta wrestled with the gift of a unique-minded child while other areas of her life fell apart.

Autism and Beyond will give you encouragement when you or a loved one lives amongst those who aren't like you and the hope that being uncommon brings.

www.ingramcontent.com/pod-product-compliance
Lightning Source LLC
Chambersburg PA
CBHW070449130626
46553CB00006B/2324